# 僕は頑固な子どもだった

日野原重明

目次

## 第2章　若き日にまかれた種



## 第3章　「医者」への道を歩む

## 第4章　アメリカ医学と出合って

2016年10月4日、105歳
自宅の庭で

# プロローグ　１０５歳の私からあなたへ

人生１０５年といえば、さぞや長く果てない道のように思われることだろう。私はよく人生を川の流れに例えるが、その勢いはたゆみなく、今、ようやく大海へとそそぐ緩やかな流れに身を任せているような心地である。

今あえて自叙伝をまとめてみようと思い立ったのはなぜだろう。これまで私は医学関連のものから生き方エッセイに至るまで、たくさんの書物を著し、その中で自分の経験についても触れてきた。しかし、「日野原重明」という一人の人間を深く顧みたことはなかった。

私は医師である。日本の医療制度に深く関わり、国民一人一人が健康でいられることに尽力してきた。親の代からの敬虔《けいけん》なクリスチャンでもある。と同時に〝シニアのアイドル〟と言われたこともあるくらい中高年の憧れの的でもあるらしい。そしてまた長く生きてきたおかげで、私の一生はちょっとした日本の近現代史のようでもある。

何しろ太平洋戦争が始まったとき私は30歳。日本があれよあれよという間に軍国化していった様子をまざまざと覚えている。東京大空襲も玉音放送も。そして復興から高度経済成長に至る中で、1960年代後半の学生紛争に私は関わっていたし、よど号ハイジャック事件に巻き込まれた。バブル崩壊後に起きたオウム真理教による地下鉄サリン事件にも、聖路加国際病院《せいルカこくさいびょういん》で対処している。

我ながら多面的な生涯を、こうして自宅のソファに座って振り返ってみると、しきりと思い出されるのは幼い日々のことだ。私の人生を彩ってきたさまざまな出来事は、たぶん、幼い私の中にすでに孕《はら》まれていたのだと思う。今の私の基盤でもある行動力や勇気、負けん気といったものの根っこは、幼い日の思い出の中にすでにあるからだ。

キリスト教には「リトリート」という行為がある。これは、日常の生活環境から離れた静謐《せいひつ》な場所に身を置き、心静かにして、自分は何者なのか、何をすべきなのか……と、自分自身を見つめ直す時を持つことである。長い人生、私は意識的にその時を持つことを習慣づけてきた。そうでなければ、固定観念に縛られたり、マンネリに陥ったりしてしまう。

私は常にリベラルで柔軟で進歩的でありたい。だから、１０５歳になろうとする今も、これから先、自分が社会の中で何をすべきなのかを考えるために、今在《あ》る自分がいかにしてできてきたのかを振り返りたいのだ。

１０５歳でもわからないこと、未知のことはある。それに挑戦するために、今、あるがままの私の姿を語り始めようと思う。

# 第1章　負けず嫌いの「しいちゃん」

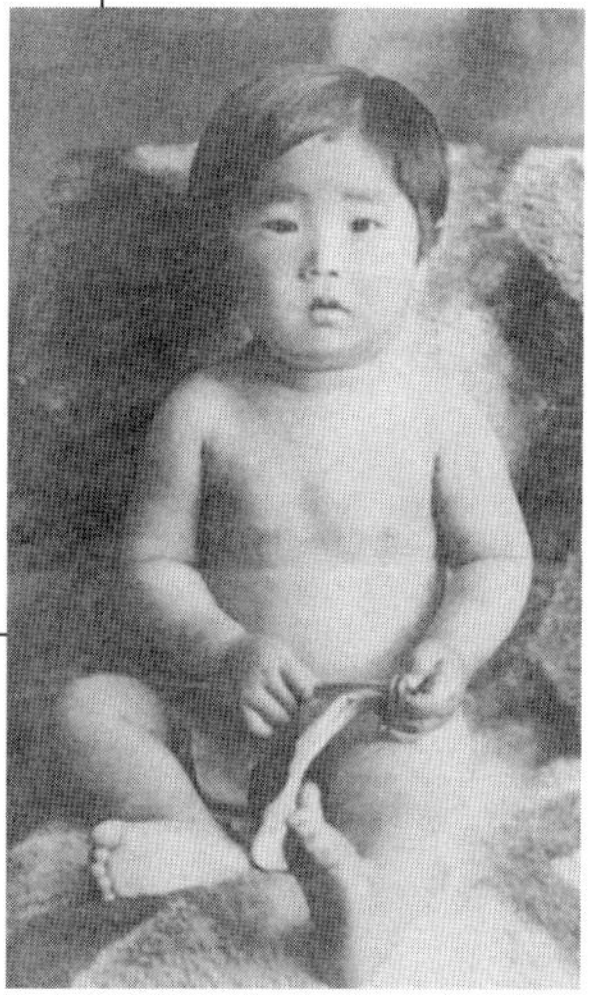

1911年10月4日、山口で誕生

## 「よい方向へ育てばいいけれど……」

私は幼い頃からはにかみ屋の少年だった。家にお客さまが来ると、母から「次男です」と紹介されても嫌がって、すぐ後ろへ隠れてしまう。小学校では授業中に先生から当てられると思っただけで、顔が真っ赤になるのだ。もともと色白のぽっちゃりした顔立ちで、目上の女性には「しいちゃん」とかわいがられたが、内心はうれしいものの恥ずかしくてしかたなかった。

その半面、意地っ張りなところもあった。

小学1年生のある朝、食事が遅くなったか何か、家の中でもめ事があって、学校に遅刻しそうになった。「もういいから、学校へ行きなさい」と母に言われて、姉は慌てて飛び出したが、私は「遅れるのはいやだ。もう学校へは行かない」と言い張り、台所に座り込んだ。台所は土間になっていて、ぬれている床にお尻を付けたまま、てこでも動かない。誰になだめられても泣きじゃくって言うことを聞かず、とうとう休んでしまった。幼いながらも頑として我を通す強情さがあり、よく親を困らせたらしい。

私は6人きょうだいの3番目で、兄と姉、そして弟と2人の妹がいる。兄とは4歳離れていたが、姉と私は年子だから、母は子育ても大変だったと思う。

あの頃の小学校では1年生のときにカタカナ、2年生でひらがなを習うのだが、1歳違いの姉が先にカタカナを習ってくると、幼稚園児の私は母にせがんでひらがなを教えてもらった。廊下を拭いている母の所に「ろ」の字を持っていき、「これはどう読むの?」と発音の仕方から習っていく。姉はライバルだったから、いつも負けまいと覚えたてのひらがなを読んでみせていた。

7歳違いの一番下の妹は、きょうだいでトランプ遊びをしたときのことを忘れないと言う。私は負けそうになると、妹の脚をつついて〝負けるものか!〟と強気なそぶりを見せた。いまだに「トランプで負けそうなとき、脚をついたでしょ」などと言うから、「そうだよ、僕は負けず嫌いだからね」と澄まして答えたものだ。

負けず嫌いな性格で、一度決めたことは絶対にやり遂げる。そんな〝ファイティング・スピリット〟も少年時代から培われてきた。

中学の頃、校内で5マイル（約8キロ）のマラソン大会があった。それまで長い距離を走ったこともなかったが、運動部の生徒たちに付いて25番くらいで走り通したのだから驚きだ。拍手の中でゴールした気分は最高だった。何をするにも諦めず、がんばり抜くのは持ち前の性分なのだろう。

牧師の家庭に育った私は教会の日曜学校へ通っていたが、母はその先生からこう言われたことがあるそうだ。

「しいちゃんはよい方向に育てばいいけれど、悪い方向へ向かえば、大変な子になりますよ」

負けず嫌いで頑固なところがある私を見て、個性がうまく伸びればいっぱしの人になれるが、間違ったら親を手こずらせるであろうと……。果たしてその忠告はいかにと思うが、今となれば「しいちゃん」は健やかに育ったのだろう。100歳を超えても、このように元気でいられるのは何よりの恵みである。

私の人生は「あるがまま」に生きる。その原点は、つつましくも愛情に満ちた家族の日々にあった。

## 神戸の街、ランバス幼稚園

1911（明治44）年10月4日、私は山口県山口市にある母・満子《みつこ》の実家で生まれた。

父・善輔《ぜんすけ》はプロテスタントの牧師で、当時はアメリカへ留学中であった。すでに身ごもっていた母は長男と長女を連れて実家へ戻り、次男を出産。父にとっては2

度目の渡米であり、重ねての留学ということで、明治生まれの息子に「重明《しげあき》」と名付けたのだと聞く。

父の帰国後、一家で大分へ移り住んだ。父が牧師として赴任した大分教会の隣の牧師館で暮らし、この地で弟が生まれている。とにかく母が大好きだった私は、2歳下の弟がいつも母に抱かれているのは何とか我慢したものの、「おかあちゃんの背中は僕のもの」と言って、母の背中にまとわりついていたことを覚えている。

今も鮮明によみがえるのは、教会の近くの紙問屋が火事になったこと。燃えさかる火を見て、大急ぎで家を飛び出し、一目散に駆けつけた。現場へ着いた頃にはもう消えていたのだが、大勢の子どもたちが焼け跡で何かを拾っている。そこには焼け残った色とりどりの紙片が舞い散っていた。私も負けじと、両手を広げて赤や青や黄色の紙を拾い集める。得意満面で家に持ち帰ると、長持ちのような箱にべたべた貼り付けたのだ。

3歳くらいの頃だから、家から勝手に飛び出すなんて無茶なことだが、幼心にも胸がドキドキした最初の記憶である。見たいもの、知りたいことがあればどこへでも駆けつける旺盛な好奇心はあの頃にはもう芽生えていたのかもしれない。

１９１５（大正４）年の春、我が家は神戸へ転居した。別府港から小さなはしけ舟を乗り継いで、大型の客船に乗船した。最初は元気にはしゃいでいたものの、揺れがつらくて船酔いしてしまう。それでもようやく神戸港に到着し、外国船が行き交う光景を見たときは心躍るようだった。

この地で父は日本メソジスト神戸教会（後の神戸栄光教会）の牧師として、15年間にわたって伝道活動に携わる。中学卒業まで暮らした神戸は私の本当の故郷と言ってよいだろう。

幼き日の楽しかった思い出といえば、「ランバス幼稚園」で過ごした2年間である。アメリカ人の宣教師ジェームス・ウィリアム・ランバスの夫人、メアリー・イザベラ・ランバス先生を記念して、１９０４（明治37）年に創設された歴史ある幼稚園で、４歳になる春から姉と一緒に通い始めた。

赤れんがの塀に囲まれた2階建ての洋館で、1階に遊戯室があり、中庭には広々とした砂場があった。

アメリカでベストセラーとなった『人生に必要な知恵はすべて幼稚園の砂場で学んだ』を書いたロバート・フルガムは、幼稚園の砂場で学んだことを次のように挙げている。

〈何でもみんなで分け合うこと。ずるをしないこと。人をぶたないこと。使ったものは必ずもとのところに戻すこと。ちらかしたら自分で後片づけをすること。人のものに手を出さないこと。誰かを傷つけたら、ごめんなさい、と言うこと。食事の前には手を洗うこと。トイレに行ったらちゃんと水を流すこと――〉

こうした日常生活のマナーに加え、健やかに暮らすための知恵もこう続く。

〈釣り合いの取れた生活をすること――。毎日、少し勉強し、少し考え、少し絵を描き、歌い、踊り、遊び、そして少し働くこと……おもてに出るときは車に気を

つけ、手をつないで、はなればなれにならないようにすること――〉
（『人生に必要な知恵はすべて幼稚園の砂場で学んだ』ロバート・フルガム著、池央耿訳、河出書房新社）

これらはまさに私がランバス幼稚園で学んだことである。

幼稚園の砂場では、お城を作ったり、トンネルを掘ったり、友達と一緒に作業する面白さも知った。ところが、同じ組に腕力の強いさんちゃんという子がいて、私がせっかく完成させたトンネルを足でつぶしてしまうので、悔しくて涙したことを覚えている。さんちゃんは近所の小児科医院の息子で、当時はまだ珍しかった子ども用の自転車を持っていて、得意げに乗り回していた。我が家では買ってもらえずうらやましく見ていたが、ガキ大将ながら時々は私にも貸してくれた。

幼稚園時代、初めてスキップができたときのうれしい気持ちは今でも忘れられない。一番喜んでくれたのは、星組担任の塩田《しおた》小婦喜《こふき》先生だった。「夕空晴れて　秋風吹き」とスコットランド民謡のメロディーにのり、みんなと手をつないで軽やかに足を弾ませる。そのときばかりは、いじめっ子のさんちゃんとも一緒に手をつないでスキップすると、何もかも忘れてまた仲よしになれた。

そんな子どもたちを見守る塩田先生は背が高くて、歯切れよい話し方をされ、普段はちょっと厳しい方という印象だった。

実は先生とは不思議な縁があり、60年もたってから再会することになる。後に結婚して内海《うつみ》姓となった先生は、長年福岡で幼児教育に献身された。そして80歳のとき、胃の不調を訴えて上京され、聖路加国際病院の私を訪ねてこられたのだ。検査の結果、進行した胃がんであることが判明したが、先生のご年齢ならば転移も少ないであろうと判断し、福岡の熟練した外科医に手術を依頼したところ、無事成功したのである。

それから7年後、福岡での医学会に出張した折再会した先生は、87歳でなお気丈にひとり暮らしをされ、野菜を中心とした食事を三度三度調えておられた。その日、先生は私との別れを惜しむように博多駅まで送ってくださり、別れ際はただ黙って私の両手を固く握られた。後に95歳で亡くなられたが、先生が遺されたノートには幼稚園時代の私の様子がつづられている。

〈姉さんの恵美子《えみこ》さんと2人とも歌が上手で、歌詞もすぐ覚える。カタカナよりもひらがなを早くから読み、得意になって、「先生、僕、字が読めるよ、読んでみろうか！」と言って、讃美歌集をピアノの上から取り出してきて、「再び、主イエスのくだります日」と読んで得意であった。

幼稚園での毎朝の話をよく覚えていて、家でお食事の最中、その日に聞いた話を得々と話したらしい。ある日、善輔先生から、「重明にいろいろ教えすぎないでくださない。その日にあったことを種々覚えてきて、食事のときに次から次へと話すので、兄姉たちはいつも聞き役になってしまうのですよ」と注意を受けたことがある。幼稚園であったことを、一部始終報告したらしい〉

私の家では毎朝、食前に子どもたちが交代で聖書の一部を読むことになっていた。きょうだいの上から順に月曜、火曜……と回ってくるので、私は水曜日。ルビのついた聖書を一生懸命読み上げたものだ。

塩田先生が褒めてくださったように、姉も私も歌が得意だった。家庭集会のときには家族全員で讃美歌を歌い、母は娘時代に習い覚えたオルガンでいつも伴奏していたのである。

## 厳しかったピアノのレッスン

教会の牧師というのは収入が非常に少なく、家計のやりくりが大変なことは、子ども心にも察せられた。神戸で妹2人が誕生し、我が家は両親、きょうだい6人と祖母の9人家族になった。

母は家族の洋服や足袋《たび》、靴下に至るまで何でもミシンで縫い、自分もいつも控えめな装いで暮らしていた。家庭では6人の子どもの母親としてばかりでなく、牧師の妻として夫の働きを支えることにも努めなければならない。

教会と牧師館は隣り合っていたので、我が家の家庭生活も外へ開かれていた。当時、教会の若い信徒だった方が我が家の様子をこう記されている。

〈……いつもお昼のごちそうにあずかった。そのごちそうにあずかるのは私だけでなく、たくさんの青年男女があった。先生ご夫妻には6人のお子さんがあって、キャッキャッと騒いだり、芋の子のように、ごろごろと転げ回ったりしておられた。子どもさんが多いのに、教会の青年たちが遠慮もせずに、ごちそうになるので、夫人としては経済的にご苦労なさったと思う。私は、お昼のごちそうの代わりというのではないが、数人の小学生だった子どもさんたちの勉学を見てやっていた〉

（『いのちの響き・日野原善輔遺稿集』より）

つつましい暮らしの中でも、人の出入りが多い我が家はにぎやかな活気に満ちていた。家計をやりくりする母を案じて、私たちはタドン作りを手伝った。暖房に使う燃料も十分に買えないので、母は子どもたちに山から粘土を取ってこさせ、炭屋から床に落ちている粉炭をただでもらってきては粘土に混ぜ、おだんごをこねるようにしてタドンを作る。それを玄関前のたたきに並べて干していると、通り掛かる小学校の同級生に「タドン屋の子、タドン屋の子」とからかわれたものだ。

私が通った神戸市立諏訪山小学校（現・こうべ小学校）の校庭には楠《くすのき》の大木があり、休み時間になるとその周りで鬼ごっこをしたり、キャッチボールをして遊んだ。学校の前の道を牛車が行き交っていた、のどかな光景が今も目に浮かぶ。

入学したのは1918（大正7）年、その前年にはロシア革命が起こり、レーニンがソビエト政府を樹立。第一次世界大戦がドイツの敗北で終焉した年だった。入学時に写真館で撮った父との記念写真で私は絣《かすり》のきもの姿で写っている。日本はなお貧しい時代であったが、身辺は穏やかな時間が流れていた。

丸顔でぽっちゃりした私についたあだ名は「西郷《さいごう》（隆盛《たかもり》）さん」。子ども心にやせたいと気にしていたのか、自己流ダイエットを試みたりもした。

ひそかに悩んでいたのは、人前に出るとすぐ顔が赤くなってしまうこと。教室で先生から「日野原」と当てられると、もう立ち上がる前から真っ赤になるので、みんなに「金時さん、金時さん」とからかわれるのがつらかった。

それでもなぜか舞台に立つ度胸はあったようだ。小学校の学芸会では足柄山の金太郎に扮した写真が残っている。教会ではクリスマスにページェント（聖劇）をするが、私も子役としてステージに立っていた。特に思い出深いのは、メーテルリンクの『青い鳥』で主役のチルチルを演じたこと。妹のミチル役に扮したのは2歳年下のかわいい女の子だった。

当時の神戸、中でも山手辺りには外国人も多く住んでおり、瀟洒《しょうしゃ》な西洋館が立ち並んでいた。芝生の広々とした庭では、金髪や青い目の子どもたちがサッカーに夢中になっている。父はアメリカ留学の経験がある牧師だったから欧米人との付き合いもあり、子どもたちも西洋文化に触れる環境で育った。宣教師の家を1日開放してもらって、庭でクリケットを楽しんだこともある。

神戸の街は海と山に囲まれ、布引《ぬのびき》の滝つぼで水浴びをしたり、夏になると毎日のように須磨の海岸まで泳ぎに行った。豊かな自然の下でのびやかに遊んだ思い出は尽きない。

ところが、4年生に進級したばかりの春、私は急性腎炎にかかり、3か月間学校を休んで自宅療養せざるを得なくなった。

それまでは学校から帰ると、ランドセルを玄関にぽんと放り投げて外へ飛び出し、友達と遊ぶ毎日だった。それが家で寝たきりになり、安静にしているよう強いられたのだからたまらない。急性腎炎が治っても、1年間は運動をしてはいけないと禁じられ、すっかり意気消沈していた。

ひと月ほどで病状が快方へ向かうと、友達から借りた「赤い鳥」や「少年倶楽部」を読んだり、母に言われて新聞紙に習字の手習いをしたりしていた。しかし、さすがに暇を持て余してしまう。ぽつんと寂しげにしている私を見かねたのか、母に「ピアノでも習ってみたら」とすすめられた。母は、ちょうどアメリカから来ていた宣教師夫人に教えてもらえるよう頼んでくれた。

週に一度、私はそのオックスフォード先生の家へ通い、ピアノを習うことになった。なかなか厳しい先生で、教えられたように弾けないとよく叱られた。私の手の甲に硬貨を置いたり、時にはリンゴを載せ、それが落ちないよう安定させて鍵盤を弾きなさいと言う。手さばきが乱れて、硬貨やリンゴが落ちると、手をぽんとはねられてしまう。そのたびに思わず涙がこぼれそうになった。

ピアノのレッスンを受けていることを知った友達には、「やーい、女の子。ピアノを弾くなんて女の子のすることだ！」と、行き帰りにはやし立てられたりもした。それでもピアノは好きで休まず通ったが、学年が進むにつれて勉強も難しくなり、家で練習する時間がとれなくなっていく。先生に「来週はここまでおさらいしてきなさい」と言われても、途中までしか弾けず、後は黙ってうつむくばかり。

先生に「ここまでだったかしら?」と聞かれると、ついコクンとうなずくのだが、思わずうそをついてしまったことに気がとがめたものだ。

オックスフォード先生が帰国したこともあり、ピアノのレッスンは6年生で終わったが、楽譜を見ればピアノが弾けるようになったことで、「音楽」という新しい世界が広がった。音楽は私の人生に欠かせぬものとなり、今も豊かなくつろぎをもたらしてくれている。

## 恩師との出会いと中学受験

人生は巡り合いであり、少年時代にもかけがえのない恩師との出会いがあった。

小学5、6年生のときの担任であった谷口真一《たにぐちしんいち》先生は30代の理想に燃えた少壮の教育者だった。その頃、すでに小学校では中学入試の特別カリキュラムが組まれていたが、先生のやり方はまったく違っていた。

それはアメリカの教育家、ヘレン・パーカースト女史が実施した「ドルトン・プラン」による学習法で、生徒の自主性を重んじて徹底した自己学習を尊ぶというものだ。日本では後に玉川学園を創始された小原國芳《おばらくによし》先生が成城小学校主事のときに導入し、谷口先生は東京で開かれた夏期講習で学ばれて、諏訪山小学校で実践されたという。

谷口先生は教壇に立って教えることはせず、40人のクラスを8人ずつ5つのグループに分けて、ロの字型に机を配置した。グループごとに何を勉強したいのかを話し合い、それについて各自が図書室などで調べ、発表する。そこで質問に答え、わからなければまた調べる。そうして自分たちで学習する力を身に付けていくのだ。

理科の時間で「植物の受粉のしくみ」について学ぶことになると、校庭の草花を摘んできて、その構造をつぶさに観察し、図書室で百科事典や図鑑を調べてみる。

「動物の繁殖について」という課題が出たときは、「おませの井上《いのうえ》」と呼ばれていた子が「僕らがやる」と手を挙げた。そのグループはなんと犬の交尾を観察して発表したので、他の子たちは「こんなことやるなんて、すごいなぁ」とびっくりしたものだ。

この学習の特徴は、国語、算数、音楽というように教科を個別に教えるのではなく、関連させて学ばせること。しかも生徒の探究心を刺激して学習を進め、生徒自身によって問題解決を図るように導いていく。それによって私たちは好奇心を磨かれ、新しいことを発見する喜びも味わえる。毎日が楽しくてたまらなかった。

しかし、谷口先生のやり方は校長の眼鏡にかなうものではなかった。当時の義務教育は小学校6年間で、その先は進学する者もあれば、仕事に就く者、家事を手伝う者などさまざまに分かれる。諏訪山小学校には学区の環境からか、教育熱心な中・上流階級の子弟も多く、校長は進学校として名をはせることに懸命だった。特に県下でもトップレベルの名門校、神戸一中に何人合格させるかで小学校のランクが決まるとあって、谷口先生のやり方では受験に不利だと考えられていたからだ。

校長が谷口先生の教育法に批判的な雰囲気を察知した私たちは、先生を応援するには神戸一中に合格するしかないという暗黙の了解の下、自宅へ帰ってからも受験勉強に励んだ。クラスには平尾《ひらお》君というトップになる子がいて、私も彼に負けまいと一生懸命に勉強した。なかなか彼にはかなわなかったけれど、私も2、3番の辺りを行ったり来たりしていたのだ。

いよいよ受験の当日、私はそそっかしいものだから、入学試験場に受験票を持っていくのを忘れてしまった。受付で受験票がないのに気付き、2キロ余りの道のりを大急ぎで家まで走って帰る。息せき切ってまた会場へ戻り、なんとか間に合って試験を受けた。周りも冷や冷やしたようだが、例年はクラスから2人ほどしか入れない神戸一中に、私を含めて5人も合格することができた。

小学時代を顧みると、谷口先生が熱く説かれた「真善美」の教育目標の下、生徒の能力と個性を尊重された教育がその後の人生の礎《いしずえ》になっている。私はやがて理系の道へ進むことになるが、その中でも詩や散文を書き、文学や哲学に親しんできたのは谷口先生の指導のおかげだと思う。

## アップルパイと初恋の味

1924（大正13）年、私は念願の神戸一中に入学した。ところが、通学したのはわずか入学式の1日限り。今となれば若気の至りであるが、12歳の少年なりに筋を通そうとしたようだ。

入学式の当日、私は諏訪山小学校から一緒に進学した仲間たちと講堂に集まり、式が始まるのを待っていた。やがて壇上で校長先生のあいさつが始まったが、私は初めてはいた袴《はかま》がうれしくて、袴の4本のひもをもてあそんでいるうち、たまたま後ろの友達に三つ編みの仕方を教えることになった。私は姉や妹たちが毎朝長い髪を三つ編みに編んでいるのを見ていたので、得意になって袴のひもで教えていると、突然、「日野原、立ち上がれ！」と先生から怒鳴られたのである。

時代の影響とはいえ、当時の神戸一中は軍国主義教育をうたっており、何事も軍隊式を標榜していた。昼食は運動場で立ったまま食べるのが決まりで、厳しいスパルタ教育で知られていた。私はそんな堅苦しい校風がすっかり嫌になり、「この学校は自分に合わない」と両親に相談して、その日のうちに退学届を出した。翌日から、もう一つ受かっていた関西《かんせい》学院の中学部へ進むことにしたのである。

当時、父が関西学院の神学部で教えており、教職員の子弟は授業料が免除されていた。もともと私自身も苦しい家計のためには、授業料の要らない関西学院に進むのが親孝行ではないかと考えていたのだ。おそらく両親も内心では喜んでいたことと思う。

この学校はキリスト教主義に基づく青少年教育を行うため、１８８９（明治22）年に設立されたミッションスクールだ。父もここで学び、後に大分と神戸の教会で牧師を務めたのも、創設者であり初代学長であったランバス先生の布教活動を継いでのこと。アメリカやカナダなどから派遣された外国人教育者が大勢いて、いかにも港町・神戸にふさわしい洗練された雰囲気を備えていた。

まさに自由な校風の下、私は水を得た魚のように学園生活をスタートした。

A、B、C、Dと4クラスあり、私は登校初日から先生に「君は、B組の級長だ」と指名され、面食らったことを覚えている。1年生の頃は真面目に級長を務めたが、何しろ小柄で身長も小さい方から2番目。体育館で整列するときなど、はなはだ威厳に欠けるのは我ながら情けない思いだった。

関西学院では、父がデューク大学に留学したときの同級生でアメリカ人宣教師のスニード・アグバン先生から英会話を学んだ。授業はすべて英語で行われ、英語の歌を歌ったり、短文を暗唱したりする授業は楽しいもので、私たちも先生の発音をまねては、口にするようになった。

アグバン先生は学校の敷地内にある西洋館に住んでいて、授業が終わると、生徒を数人ずつ招いてくれた。自宅では奥さんと一緒にキッチンに立たれ、焼きたてのアップルパイをごちそうになる。こんがりと甘い香りに包まれ、たまらなくおいしかった。質素な生活の中でも安いリンゴを買ってきてはアップルパイを作り、ティータイムを楽しむ。食後にはまた夫婦でむつまじく台所でお皿を洗っている姿を見て、日本人とは違うものだと素直に感心したものである。

中学部は男子校だったが、ほのかな恋心を抱く女性との出会いもあった。

その女性も父が牧師をしていた日本メソジスト神戸教会に通っており、神戸女学院の生徒だった。教会で催される合唱や劇に参加するうち親しくなり、「ミイちゃん」と呼ぶようになる。私と関西学院の友人、ミイちゃんとトリオで仲がよく、文集の編集をしたり、演劇に興じたりしたものだ。彼女のお母さんも知的で美しく、女性の自立への意識が高かったので、娘もそのように育てていた。

私はその頃から医師になることを希望し、この母娘に自分の将来の夢を語っていた。ミイちゃんも歯科医師になることを目指していたので、後に東京の専門学校へ入学して神戸を離れ、仲よしトリオは解散となる。それでも文通を続け、私も高校の入試が近づく中で自分の受験番号を知らせたところ、彼女は同じ番号の旧讃美歌251番の楽譜と歌詞を書いた小さな紙片を手紙に添え、「お守りにしてほしい」と送ってくれた。

お守りは肌身離さず持って入試に臨み、見事に合格できた。だが、ミイちゃんは歯科の専門学校に入ったものの学費が高く、1年で学業を断念せざるを得なくなり、2人の交流も自然に途絶えてしまう。

私にとっては、ほろ苦くも淡いロマンスとして心に刻まれている。

## 「正ちゃん」から学んだこと

関西学院では勉学のみならず、課外活動も大いに充実していた。

中学1年生のときに弁論部に入ったのは、小学校では人前に出ると顔が真っ赤になるのが嫌だったので、何とか克服したいと思ったからだ。名演説で有名だった政治家の永井柳太郎《ながいりゅうたろう》さんも先輩だと聞かされ、憧れていたこともあった。私も2年ほど鍛えられているうちに赤面恐怖症が治り、それからは人前で話すことが苦痛でなくなった。

2年生になると、朝の礼拝をするチャペル・アワーでピアノを弾くようになった。音楽の先生は週に2日しか来られないので、他の日は私が讃美歌の伴奏を任されたのだ。当時としては珍しいスタインウェイのピアノを弾くのだから、それは誇らしい気持ちだった。

中学2年生から入ったグリークラブでもピアノの伴奏を引き受け、男声合唱でテナーのパートを歌っていた。5年生のときには仲間4人で「シオン（ザイオン）カルテット」を組み、夏休みに瀬戸内海の沿岸の町を演奏して回ったこともある。

男声合唱だけでは寂しいので劇も加え、「劇と音楽の会」として神戸を振り出しに3か所で開催。劇の演目は日本神話をテーマにした山本有三の『海彦山彦』で、私は弟の山彦を演じて兄の海彦からうんとなぐられたのも懐かしい思い出だ。音楽は私がショパンの「ポロネーズ」などをピアノで独奏し、友人がバイオリンで「ユーモレスク」などを演奏。さらに男声四部合唱曲を数曲というプログラムだった。

行く先々の駅には私たちのために「ザイオン合唱団来る」と書いたポスターが張られ、会場は公会堂か教会で300～400人集まった。入場料は20銭くらいだった。売上の半分を1週間の演奏旅行の費用に充て、残りは演奏会場を提供し、切符を売ってくれた教会に寄付する。演奏会が終わった後は、父親がドイツ人で石油会社の支社長という友達がいたので、会社の施設が持つヨットを借りて、瀬戸内海を乗り回して楽しんだものだ。

こうして音楽に親しんだのは、小学校時代に急性腎炎を患い、運動も禁じられてピアノを習い始めたのがきっかけだ。それでも、もともと運動するのは大好きで、中学に入る頃にはすっかり体調もよくなったのでスポーツも楽しむようになった。

神戸ではサッカーが盛んで、私も居留地の公園で仲間たちとボールを蹴って遊んでいた。家が貧しかったのでサッカーシューズを買ってもらえず、普通の運動靴でやっていたが、いつか本物のシューズで思いきりボールを蹴ってみたいものだ、とひそかに夢見ていた。

野球のクラスマッチに出たり、4年生の運動会では各学年対抗800メートルリレーのメンバーにも選ばれた。実は急に病気で出られなくなった選手の代わりだったが、運動部に入ってもいない私が第1走者として快走したので、同級生たちもすっかり驚いていた。

関西学院では、教えを受ける師にも恵まれた。英語に興味を持たせてくれたアグバン先生についてはすでに書いたが、もう1人は英作文の矢内正一《やないまさいち》先生だ。関西学院の高等商業学部を出た新任で、いつも前髪をはらりとひと筋額に垂らしたダンディーな人だった。歯切れのよい発音で教え方もうまいが、生徒から冷やかされるとすぐに顔を赤らめる初々しさもある。ひたむきな情熱に満ちた先生を、私たちは親しみを込めて「正《しょう》ちゃん」と呼んでいた。

私は英作文の授業が好きで、先生も教室でみんなが答えられないと、「日野原はどう思うか？」と指される。そのたびに得意になって答えていたが、それが勉強への意欲にもつながっていく。関西学院の中学部では、ほとんどの生徒が他校を受験することなくエスカレーター式に高等部へ進むが、私は4年生のときに「医者になろう」と志を固め、受験勉強を始めた。

旧制中学は5年制だったが、4年生から高等学校の試験を受けられた。私もまずは挑戦してみようと旧制高校の中で岡山の第六高等学校を受験したが、習ったことのない幾何（数学）の問題が出て、見事に落ちてしまった。そこで、今度は京都の名門・第三高等学校の理科を目指そうと決意したのである。

まだ塾などない時代、独学で必死に勉強する私を後押ししてくれたのが「正ちゃん」だった。

「日野原君、うちから三高への合格率は低い。5年前に合格した生徒も3浪してようやくだ。でも君は、ぜひストレートで入れるよう、がんばりたまえ」

中学最後の1年間は矢内先生の言葉が励みとなった。毎夜遅くまで牧師館の2階の私の部屋に電気がついているのを知って、先生は「日野原のように勉強しなければ駄目だ」と後輩たちに言い聞かせていたらしい。

矢内先生は後に中学学部長から、関西学院理事長になられたが、毎春、関西学院中学部の入試に落ちた少年たちにもハガキを出していたそうだ。あなたは残念ながら合格できなかったけれど、がっかりしないで、来年もう一度挑戦しなさい。人生で失敗することは、決してマイナスではないのだから――そんなメッセージを伝え続けた先生の誠実さに、私は教育の真髄を見る。

多感な10代の時期に触れた質の高い教育。単に知識というだけでなく、人生の骨格ともなるべき考え方や精神というものが得られると、その人は社会に出ても〝よき大人〟となることができる。つまり、より高い意識を持って社会に貢献している大人に出会い、語り合ったり、刺激を受けたりすることが、10代の若者にはとても大事なのである。

私自身、医師となり、多くの患者と向かい合うとき、いつも、あの懐かしいチャペルのステージに掲げられていた言葉が脳裏に浮かぶ。

〈Mastery for Service〉——この言葉は関西学院の4代目の院長であったC・J・L・ベーツ博士が学院のモットーとして提唱されたもので、日本語に訳すと「奉仕のための練達」。すなわち「奉仕に徹する」ということ。それは、人の僕《しもべ》になって生きること、人生をサービスに徹することだ。当時はおよそ真意を理解することなど難しかったが、その後、何十年も医療に携わる中でようやくわかってきたように思う。

関西学院の校章は、三日月の形をしている。新月から満月へとだんだんに満ちていく途上を表したものである。私にとって、かけがえのない恩師や仲間たちに出会った時代。私はあの校章が付いた帽子がとても誇らしかった。

## 日野原重明

※年齢はいずれもその年1月時点

# 0歳～16歳

1911〔明治44〕年　10月4日、山口県に6人きょうだいの次男として誕生

1915〔大正4〕年　3歳　一家で神戸市に移り住む

1918〔大正7〕年　6歳　神戸市立諏訪山小学校入学

1921〔大正10〕年　9歳　急性腎炎を病み、3か月間休学

## その頃の世界と日本の情勢

1914〔大正3〕年　第一次世界大戦勃発（～1918年）

1917〔大正6〕年　ロシア革命

1918〔大正7〕年　米騒動

1920〔大正9〕年　国際連盟発足

1924〔大正13〕年

12歳

神戸一中に入学するも、校風が合わないことを理由に関西学院中学部に移る

1923〔大正12〕年

関東大震災

1924〔大正13〕年

皇太子裕仁親王（後の昭和天皇）と良子女王（後の香淳皇后）ご成婚

1926〔大正15〕年

12月、大正天皇崩御

# 第2章　若き日にまかれた種

京都大学医学部に合格。
希望に燃えて

## 「お母さんを助けてください」

生涯を医療に捧げてきた私にとって、最初にこの道を志したのはいつだったのか。それはまだ10歳のとき、母親が重い病気で倒れたことにさかのぼる。

母はもともと病弱で、娘時代にも神戸の伝道女学校へ入学したものの、心臓の病気で退学せざるを得なかったと聞く。父との縁談に際しても、母は「体が弱く、見かけ倒しなのです」と正直に告げ、父はそれを承知した上で結婚したらしい。

牧師の収入は少なく、しかも6人の子どもたちと祖母も暮らす大家族である。家事はもとより、牧師夫人としての務めも尽くせば切りがない。父は木造の小さな教会を、プロテスタントとしては日本一の教会にまで成した人。その傍らで気遣う母も心身をすり減らしていたことだろう。

幼少の記憶とともによみがえるのは、いつも忙しく立ち働く母の姿。笑顔を絶やさず、時間を見つけては一人オルガンを弾きながら、讃美歌を歌う清らかな姿が思い浮かぶ。私が初見でも楽譜を見ながら讃美歌を弾けるようになると、家庭集会でオルガンの伴奏をさせられた。子ども心にも母の代わりを務められることは誇らしかった。

その母が持病の腎臓病を悪化させ、夜中にけいれんの発作を起こしたことがあった。母は結婚して2年ほどで腎盂炎《じんうえん》にかかり、昔は化学療法がなかったため、腎盂炎の感染症から、腎盂腎炎という高血圧を伴う慢性腎臓病に至ったようだ。母は腎盂炎のためにしばしば熱を出していたが、それが腎盂腎炎になって高血圧で脳症を起こし、仮性尿毒症を発症したのである。

かかりつけ医の安永謙逸《やすながけんいつ》先生が往診に駆けつけてくれたときには、もう母の意識は混濁していた。先生は命をなくす可能性もあると家族に告げ、私も信じられない思いで聞いていた。

自分の母が死ぬことなど考えたこともなかった。それだけに私は〝お母さんは弱くてもいい。ただ何とか生き延びてくれさえすれば……〟と必死で願うばかり。部屋の隅に座り込むと、「神さま、お母さんを助けてください」とお祈りしていた。

安永先生が注射してしばらくすると、母の意識がようやく戻った。どうにか一命を取りとめ、私たち家族は胸を撫でおろす。言葉は少なくとも、患者を救う熱意にあふれた先生を見ながら、「僕も大きくなったら、人の命を助けるお医者さんになろう」と心に誓ったのである。

我が家では6人の子どもたちも入れ代わり立ち代わり病気にかかり、そのたびに安永先生が往診に来てくださった。同じ頃、私自身も急性腎炎になり、安永先生の親身の治療を受けていた。

先生は小児科医と看板を掲げていたが、家族の誰でも診てくださる。体が弱かった母も頼りにする家庭医だった。先生は家計が厳しいことをご存じで、母の往診料も受け取ろうとしない。母は申し訳なく思いつつも、大変感謝していたのである。

今のような健康保険はない頃である。周りでもお金がなくて、医者に診てもらえない人たちは大勢いた。教会で奉仕活動をする中で窮状を目の当たりにしていた母は、6人の子どものうち1人でも医者になり、貧しい家庭の病人を診てくれれば、と願っていたようだ。口に出して言うわけではないが、私には何となく母の気持ちがわかっていた。だからこそ私は、母が腎臓病で倒れたことをきっかけに、いつしか自分も医者になろうと思うようになった。

安永先生のおかげで、母は普段の生活に復帰することができた。日々の暮らしでも何より子どもたちの健康を気遣う母には、食事も好き嫌いなく食べるよう厳しくしつけられた。

長ネギが嫌いだった私は、味噌汁やおかずに入っているとそっと避けようとする。すると、母はすかさず「乃木《のぎ》大将のように偉くなれるよう、ちゃんとネギを食べなさい」と戒める。あの頃は日露戦争の英雄とたたえられた乃木希典《まれすけ》陸軍大将が人間として立派に成長するモデルであった。息子の成長を願う母も「乃木大将のように立派になってほしい」という親心があったのだろう。

育ち盛りの子が6人もいれば、ごはんを食べる量も多く、母は小さな茶碗ではなく、どんぶりによそって食べさせた。おかわりの手間を省く知恵でもあり、こうした暮らしぶりが合理的だとして新聞の記事に取り上げられたこともあった。

苦しい家計を切り盛りする母は、それでも工夫して子どもたちの好きなものを作ってくれた。中でも母の味として覚えているのは、焼きたてのパンである。たまに小麦粉が手に入ると、家でこねてパン生地を作り、ブリキの鍋に入れて、こたつの中で焼いてくれたのだ。

家では石炭など燃料も買えなかったため、炭粉と粘土で手作りしたタドンを使い、それで火をおこして暖をとっていた。冬の夜は寒さをしのぐため、子どもたちはこたつに足を入れて、放射状になって寝たものだ。そのこたつがオーブンの役割も果たした。こたつにくべたタドンの上にパン生地を入れた鍋を置くと、ほどよい熱加減でパンが焼き上がる。焼きたてのパンはとてもいい香りで、子どもたちはバターの代わりに味噌と砂糖を混ぜ合わせたペーストをつけて、熱々のパンを味わったのである。あのおいしさは今も忘れられない。
子どもの頃の記憶をたどると、優しくも芯の強い母の姿が重なり合う。私は中学生の頃から詩を書き始めたのだが、その頃書いたものに「小さな涙」と題する詩があった。幼くて恥ずかしくはあるが、こんな書き出しで始まっている。

〈真っ赤な夕日が
お別れをしました
しばらくすると
淋しい夜が参りました

下界に居る私は
その晩
唯一人でお留守番になりました

いくら待っても
又どうしても
お母さんの足音が聞こえません
私は淋しくなって
思わずお庭に出ました
そしてお空を見上げました

お空にいる
小さな小供の星は
その晩
一人で留守番をしました
小供の星は一人ぼっちで
淋しくなり

その上に
お母さんがこいしくなって
一寸家の外へ出ました……〉

あの頃、どんな気持ちでこの詩を書いたのか。おそらく大好きな母がいつまでもこの世にいてほしいと思っていたのかもしれない。そんな母を守り、その願いに応えたいという思いから、私は医者の道を志したのだった。

## 京都でのつましい下宿生活

関西学院の中学部で学んだ私は「医者になろう」と心に決め、京都にある名門の三高を目指して受験勉強に励んでいた。だが、実はそれまでに何度か進路を迷うこともあったのだ。

関西学院で英作文を習った矢内先生に憧れ、自分も英文学を学んで英語の教師になろうかと思ったこともある。アメリカ留学中に英米文学を学んだ父の書斎には、シェイクスピア全集、テニスン、エマーソンなどの洋書が本棚にずらりと並んでいる。父の影響もあって、私も英文学に向かう気持ちが強く、三高が駄目だったら、そのまま関西学院の英文科へ進むことも考えていた。

迷った末、やはり三高の理科に入って医学部のコースを狙おうと決意。理科に入っても、いざとなれば文科へ転科することもできるからと、理系で英語を第1外国語とする理科甲類を受験した。

入試当日、試験問題は九分通り解くことができたという手応えを感じていた。ところが、発表日の前夜、京都にいる中学の先輩から電話があった。合格者の氏名はすでに三高の構内に張り出されていたが、「日野原の名前は見当たらない」と言う。私は〝そんなはずはない……〟と思いながらも、電話口でぼうぜんとする。見かねた母は「三高へなど行かなくても関西学院へ行けばいい」と慰めてくれるが、返す言葉もなかった。失意のままに自分の部屋へ駆け込むと、布団をかぶって泣き明かした。

翌朝、泣き疲れて布団の中でうとうとしていると、母が部屋へ駆け込んできた。三高から電報が届いたというのである。

「ニュウガク　オメデトウ」

思いがけない文面に目を疑うが、紛れもなく合格通知である。どうやら発表を見に行ってくれた先輩はなぜか私の名前を見落としたらしい。ともかく人生の中でも、あの夜ほど絶望感に打ちのめされたことはなかったように思う。

晴れて第三高等学校の理科甲類へ入学したのは1929（昭和4）年のことである。この年の10月には、ニューヨークのウォール街で株価が大暴落して世界恐慌に突入。日本でも1927（昭和2）年からの金融恐慌を経て、世情も揺れ動く時代になっていく。文学界では島崎藤村《しまざきとうそん》の『夜明け前』が話題となり、プロレタリア文学では小林多喜二《こばやしたきじ》の『蟹工船《かにこうせん》』が発表された年であった。

親元を離れ、京都での下宿生活が始まった。旧制高校といえば寮生活にも憧れたが、私は京都の旧家に下宿することになった。父の友人であるアメリカ人の医師から学資の一部を支援してもらっていたが、それだけでは足りず、住み込みの家庭教師をしながら学校へ通うことにしたのである。

住み込んだ先は繁華街の京極に近い寺町錦の旧家。私は8畳間をあてがわれ、息子さんの受験勉強を手伝うことになった。旧家の生活は簡素なもので、朝食はいつもおかゆと香の物だけ。生活費もすべて自分で賄《まかな》い、制服は先輩の大学生のお古を頂き、それを裏返しに仕立てて胸ポケットが反対になったものを着ていた。

初めての1人暮らしだけに、最初はやはり気も重かった。今でいう、ホームシックである。何しろ親しい友達は神戸に残り、ちょっと好きな女の子もいたから、地元が恋しかった。土曜日になると飛ぶように神戸の実家へ帰るのだが、また日曜日の夜に京都へ戻るのが嫌でならない。伝統ある京都の町が持つ独特の重々しさになじめなかったのかもしれない。

1年生の1学期末には成績発表が待ち受けていた。試験が済むと、有名中学からきた同級生たちはよくできたと自信ありげだが、自分は一番ビリかもしれない、落第しなければいいがと、不安でたまらない。やがて発表されると、40人中4番という成績。私はほっと安心し、少しずつ自信を持てるようになった。

当時の日本では左翼的な活動が盛んで、学生たちの意識も高かった。私は三高でも弁論部に入り、仲間たちと熱く論じ合ったものだ。

1年生のときには理科系の弁論部員というのが珍しがられ、軍事教育反対のクラス代表に選出された。軍国色が次第に色濃くなる中、三高でも学生に対する軍事教練が行われ始め、生徒たちが反発したのだ。「三高の自由のために」とスローガンを掲げ、校長排斥のストライキにも臨んだ。私も他の学年のクラス代表と一緒に校長のところへ決議文を持っていき、学生寮に立てこもって授業をボイコットした。それは警察も介入するほどの事件となり、ついに寮を追い出されてストライキは終結。文科の学生は36名退学、理科は3年生の代表のみ退学となり、2年生以下は懲戒だけで処分を免れた。

旧制高校は自由闊達な空気に満ち、個性あふれる教師や仲間との出会いに恵まれた。ことに三高の先生たちは日本における文学界や哲学界のそうそうたる人ばかりで、授業も刺激的だった。

私は理系だったが、文科的教養もふんだんに楽しみながら学ぶことができた。英語の他に、ドイツ語とフランス語を勉強した。

三高には後にドイツ文学で最高の座に就かれた大山定一《おおやまていいち》先生が新任でおられ、ドイツ語を教えてくださった。当時はトーマス・マンやアンドレ・ジッドなどの作品がはやり、ドイツやフランスの詩や小説をあれこれ読んだものだ。ことに大山先生がドイツ語で読み聞かせられたリルケの詩が素晴らしかった。

三高の中にはキリスト教研究のグループもあった。2年生のときには、後に京都大学文学部哲学科の教授になられた山谷省吾《やまやせいご》先生が主宰する輪読会に毎月出席した。山谷先生は使徒パウロの研究家で、宗教や人生論を学んだ。その会でテキストにされたカール・ヒルティの著書も心に残っている。

ヒルティは、スイスの賢人と呼ばれた哲学者であり、熱心なプロテスタントのキリスト教徒であった。彼は『眠られぬ夜のために』という日付のある短い文をつづり、不眠症の人は興奮や不安に悩まされて夜を明かすのでなく、静かなよい思想と心の平安をもって夜の休息に入ることをすすめた。高校時代の私も夜ごと、この本を手にしていたものだ。

〈人生の幸福は、困難に出会うことが少ないとか、全くないとかいうことにあるのではなくて、むしろあらゆる困難と戦って輝かしい勝利をおさめることにある。力というものは、弱点にうち勝つ習練から生じるのである〉

(『眠られぬ夜のために』〔第1部　2月9日〕カール・ヒルティ著、草間平作・大和邦太郎共訳、岩波クラシックス)

こうした言葉との出合いは、その後の人生で困難に直面したときも道を照らす明かりとなっている。もともと、文科か、理科かと迷いがあった私は、三高の理科で学びながらも、文学への思いはいっそう育まれていく。

課外活動では弁論部の他、文芸部にも入部。そこで哲学科や文科の友人ができ、一緒に京都大学へ行っては西田幾多郎《にしだきたろう》教授の哲学講義などを聴講した。

かつて中学時代にも、教会で出す「角笛」という同人雑誌に寄稿していたことがあった。三高に入ってからは、当時のメンバーと一緒に「プロメテ」と名付けた同人雑誌を作って詩やエッセイを発表し、「カルテ・ブランシュ」という詩集を仲間4人で出していた。

高校時代はとにかく貧しい苦学生である。昼食もいかに安く上げるか苦労する生活だったが、あれほど青春の輝きに満ちた時期はなかった。あの3年間に自分の中にまかれた種は多彩で、歳月を経て、また芽吹く時が訪れる。何しろ私が詩作や作曲、ミュージカルの脚本に着手したのは80歳を超えてからである。人間の可能性はいつ目覚めるかわからないものだ。

## 突然始まった寝たきりの日々

高校3年生になり、いよいよ医学部を受けるために受験勉強を始めた。第1志望は京都帝国大学医学部にしたものの、ストレートでは4人に1人くらいしか入れない難関である。もし駄目ならば哲学か文学に転向しようかとも思っていたが、幸いにも現役で合格。1932(昭和7)年、20歳で迎えた春だった。

両親、とりわけ母の喜びようは大きかった。私は京都大学YMCAの地塩寮へ移り、1人暮らしのわびしさもなくなった。

YMCAの寮では文科、法科など他科の友人ができ、夕食後は文学や哲学論議を交わして楽しい時を過ごした。私は医学部の授業が終わると、九条山の上にある日仏会館に通ってフランス語を勉強した。アンドレ・ジッドの小説を原文で読みたかったからだ。

京都では御幸町《ごこうまち》教会へ通い、聖歌隊にも入っていた。そこで歌っているうちに指揮者も任され、混声合唱の指導をすることになった。楽しみを分かち合える仲間も増え、学生生活を謳歌していた20代初め。その矢先、つらい試練の日々が待ち受けていたのである。

大学1年が終わり、春休みになると、友達から「京都の近くにスキー場があるから行かないか」と誘われた。私は運動は何でも好きだったが、スキーの経験はなかった。琵琶湖の北に面したマキノ町の高原にスキー場があるといい、あの頃は滋賀の大津から琵琶湖を渡る夜行船が出ていた。夜半に出港すると朝4時頃にマキノ町へ着き、そこから高原のスキー場まで歩いて登っていくのである。

春先の湿った重い雪道を歩いているうち、だんだん息が苦しくなっていく。それまでにも時々、胸が痛くなることがあり、自分でもうすうす気にはしていたが、友達から「おまえは顔色が悪いし、スキーにでも行ったら治るかもしれないよ」と言われたこともあって参加したのだ。

ところが、高原のヒュッテに着いて熱を測ると、なんと40度近くまで上がっている。これはスキーどころではないと、急きょ京都へ引き返すことにした。

そのまま京大の学生のためのクリニックへ行って診察を受けると、「これは胸に水がたまっています」と言われる。胸腔に2リットルもの水がたまり、それで呼吸困難に陥っていたらしい。急性結核性肋膜炎《ろくまくえん》と診断された。

まだ結核の抗生物質であるストレプトマイシンなどない時代である。病院に入院しても治療法はなく、ただ栄養を取って安静にしているほかはない。結核は感染の恐れもあるから、人里離れたサナトリウムで療養する人も多かったが、私は両親の元へ帰省した。

当時、父は神戸の教会の牧師を辞めて、広島女学院というミッションスクールの院長を務めていた。一家で広島へ転居し、学校の院長館で暮らしていたので、私もそこで療養することになったのである。院長館はコロニアルスタイルの洋館で、2階の一室が私の病室に充てられた。板の間にベッドが置かれ、私は寝たきりでトイレに歩いていくことも許されなかった。

そんな私のために、決して体が丈夫とはいえない母が付ききりで看護してくれた。4時間置きにサボテンの汁を入れて熱い湯を沸かし、その中で絞ったタオルで温湿布をしてくれる。夜中も私のベッドのそばで寝ていて、4時間ごとの交換を欠かさない。そのため母の手はやけどをしたように赤くなった。梅雨どきの蒸し暑い日も、私の熱がことに高い日は祈る思いで、いつもよりもっと熱い湯で温湿布を取り換えてくれた。

私は食欲もなく、何とか栄養を取らせなければと考えた母に一日2、3合の牛乳を飲まされた。それで牛乳を嫌いになったが、懸命に尽くしてくれる母に申し訳なく、無理やりでも口に流し込んだものだ。後に聞いたところでは、牛乳の中には2

個分の卵の黄身が入っていたらしい。今でいう高たんぱく療法を受けたのだ。母の無言の気遣いが身に染み、心の中でただわびるしかなかった。

医師には絶対安静を命じられ、ベッドに寝たままの日々が8か月も続いた。目に映るのは窓の外に広がる空と風にそよぐこずえの葉ばかり。いったい、いつになったらベッドから起きられるのか、熱は下がるのだろうか。この先、病気はよくなるのか悪くなるのか……当時、結核は不治の病ともいわれており、先の見えない不安に苛《さいな》まれる。

あんなに朝が来るのが待ち遠しかったことはない。朝4時頃、空が白み始める頃になるとホッとして、今日は熱が下がるかもしれないと期待する。だが、夕方になるとまた熱が上がり、〝ああ今日も駄目だった〟と落ち込んでしまう。暗い部屋にあの黄みがかった電灯がパッとつく瞬間が嫌でたまらず、また長い夜が始まるのだと思うと耐え難かった。

# 音楽家への夢に胸膨らませて

暗く沈鬱《ちんうつ》な日々の慰めとなったのは音楽だった。

妹に蓄音機でレコードをかけてもらい、バイオリンやピアノの優美な音色に耳を傾ける。あの頃は直径30センチくらいのSP盤といわれるレコード1枚の両面にそれぞれ片面5分くらいの曲が録音されていたので、交響曲など長い作品では何枚ものレコードをかけ換えて聴くことになる。少し体を起こせるようになると、妹に「白い紙をくれないか」と頼み、そこに五線譜を引いて、聴いた曲のメロディーを写し取る写譜の練習も始め、自分なりに作曲を試みるようになる。

それが後の人生を豊かに彩ってくれる音楽との真の「邂逅《かいこう》」であったといえよう。小学生で習い始めたピアノにも、この闘病の日々を経て、より深く打ち込んでいく。

幸い快方へ向かい、8か月ほどで少し動いてよいという主治医の許可が出た。病床でも楽典を読み、音楽の勉強をしていた私は、牧師館の応接室にあったピアノをぽつぽつ弾き始めた。

その頃、広島女学院の宣教師で音楽を教えていたクーパー先生にレッスンをみてもらえることになった。前に弾いたことのあるショパンの「ポロネーズ」や「ノクターン」などを練習しては聴いてもらい、先生と一緒に、2台のピアノのために編曲されたシューマンの「幻想曲」を連弾したこともある。音楽室の窓の外からたくさんの女学生たちが見ていたから、いやでも張り切ってしまうのだった。

さらに先生にモダンミュージックをやってみてはと言われ、現代曲の譜を渡された。私も喜んで練習して弾くと、「あなたには才能がある。私が推薦するから、アメリカへ行ってミュージシャンになりなさい。医者は日本にたくさんいるから」とすすめられ、思わず胸が躍る。留学先の音楽学校も紹介するから家で相談するようにと言われ、すっかりその気になって両親に頼み込んだ。

しかし、当然のごとく、とんでもないと反対された。せっかく京大の医学部に入ったのだから辞めないでほしい。医者になって音楽を楽しめばいいのだから、クーパー先生にはお断りするようにと言われ、断念せざるを得なかったのである。

それでも音楽が絶えず心の友であったことは変わらない。学生時代にはフランス文学を愛好した影響か、ドビュッシーやフォーレが好きになった。楽譜が欲しくてもなかなか手に入らず、わざわざフランスに注文して取り寄せたこともある。船便で送られてきたそのスコアを手にしたときはとても感動した。

今でも覚えているのはドビュッシーの「ベルガマスク組曲」だ。その中に有名な「月の光」があり、自分で弾いたり、クーパー先生に演奏してもらったりしたものだ。

フォーレの「レクイエム」を聴いたときの感慨は忘れ難い。モーツァルト、ヴェルディと並ぶ「三大レクイエム」と称され、いずれも素晴らしい楽曲だが、私はやはりフォーレの作品に引かれる。

「レクイエム」といえば鎮魂歌と捉えられがちだが、フォーレ自身も語っているように、そこで表現されるのは死への恐れや苦しみではなく、むしろ永遠の至福の喜びに満ちた解放感にほかならない。私も闘病の日々を経て、そうした思いを込めた「ノクターン」というピアノ曲を作曲した。

こうして一度は音楽家への夢に胸膨らませた若き日――。

その胸中には、やはり医者になることは無理ではないかという諦めもあった。医師の激務には体力がついていかないだろうと思ったからだ。病床にあれば、どんどん同級生に引き離されていくようで焦りも募る。何とか留年しないよう学年末の試験も受けるつもりでいたが医者に止められ、1年間休学せざるを得なかった。

翌年春には復学したものの、体調は思わしくなかった。大学の教室で講義を聴いていると、30分もたたぬうちに背中が痛みだす。肋膜が癒着しているせいだった。私はやむなく階段教室の一番後ろに席を取り、痛みが治まるまで長いすに横になるしかない。そんな状態が半年ほど続いただろうか。

後にそうした闘病体験を基に小説を書いたことがある。一つは『憂鬱《ゆううつ》』という題で、まさに病で鬱々《うつうつ》としていく心情を描いた短編小説だ。文芸雑誌に投稿し、ひょっとしたら入選するかもしれないと淡い期待を抱いていたが、何の音沙汰もなかった。そして今も私の手元に残っているのが、『病』という原稿用紙50枚余りの中編小説である。「1934年12月」と日付があり、23歳で書いたものだ。生意気にも「月野重秋」というペンネームでつづっている。それは病床での光景から始まる。

〈閉ざされた鎧戸《よろいど》の外に、枇杷《びわ》の葉ずれがすると、その瞬時、私は宇宙の遠い彼方に枯葉の落ちる音を聞き捉えたかの如く、厳粛な気持ちになって、その微かな音に耳を傾ける。

その闇の中の空虚な一時によって、漸く心を鎮めながらも、須臾《しゅゆ》にして、またもや私は、体内に踊り狂う血の飛沫と、胸の乱調とに悩まされ、脅かされて、不安な呼吸を忙しく続けなければならない。胸の周りに幾重にも巻かれた温湿布から這い上がる蒸気は、時々、嘆息のような深い息の中に吸い込まれて、肺は飽和し、心は、またしても天地創造以前の怖ろしい混沌の状態に乱れてしまう。張力の失せた肺胞から僅《わず》かに圧《お》し出される頼りない呼気では、どう足掻《あが》いても仕方なく、老人のような呼吸を繰り返すほかない。不安な飽和、何かの種がその中に持ち込まれれば、そこには結晶という安定した形が生まれるだろうにと、朧《おぼろ》な意識で、試験管を見る心持ち。

そんな状態が長く続いた後には、夜の風に揺らぐ枇杷の葉ずれや、時には風に乗って森から響いてくる梟《ふくろう》の声等が、私にはどんなに嬉しかったことか。……〉

今となっては気恥ずかしく、とてもすべてに目を通す気にはなれない。それでも20代の頃の多感な自分をどこかいとおしく思える。

寝たきりの日々でも窓から差し込む光や風に心ゆだね、季節の移ろいを感じる。父や母、妹たちへの感謝の念、そして、ひそかに心寄せる女性への思い……そこからまた新たな世界へ旅立とうとする若き日の心情を、決して忘れてはならないと思うのだ。

病の床での迷いはつらかったが、すべてにおいてマイナスとは限らない。健康に恵まれていれば、もちろん感謝をする。しかし、健康でなくても病弱であるがために与えられるものも多くあった。他人の痛みに共感できる感性も、病を通して磨かれるもの。病んでこそ、人間は自分の中に人間らしさを育む機会を得るのだ。病気を体験しないと、患者の体や心の痛みはわからない。私も自身の体験があったからこそ、患者の気持ちに共感することができるようになった。

それは医師になって何年も経てから気付くことだが、あの闘病生活は神の「恩寵」だったと、試練の意味を悟ることができたのである。

## 世界初の心房音の録音装置

医学部の勉強は真面目に取り組み、順調に卒業できた。けれど、体調の不安を抱えたままでは、外科医や内科医の激しい生活に耐えられる自信もなかった。迷った末、精神科に進もうと考えて助教授に相談すると、「体のことを知ってから精神を診るのがよいから、先に内科をやりたまえ」とアドバイスされた。

それではまず内科へ行こうと決め、3つの内科の中から真下《ましも》内科を選んだ。指導を受ける真下俊一《としかず》教授は神戸一中と三高の出身。「おまえも神戸出身だから、真下教授がいいんじゃないか」と先輩にすすめられたのだ。

私も大学の2回生のとき、真下教授の診断学の講義に魅力を感じていた。講義では患者の心音をスピーカーで聞かせてもらい、それはとても興味深いものだった。先生の人情味あふれる性格に引かれたこともあるが、その心音との出合いが後に内科で循環器を専攻するきっかけともなったのである。

卒業後2年間の内科研修が済むと、臨床の大学院へ進んだ。そこで真下教授から「君は音楽が好きだから、音をテーマに何か研究してみてはどうか」とすすめられる。いきなり音の研究と言われて、「先生、それは心臓の音ですか、消化器、肺ですか」

と尋ねると、「それは君が考えればいい」と言われたのだ。

少し横道にそれるが、実はその1年前に先生から縁談の話があった。「日野原君、音楽が好きだったね。上野の音楽学校を出たお嬢さんがいるのだが、見合いしないか」というわけだ。先生からの紹介ではさすがに結婚を断れないだろうと思い、私は「ちょっと今、別の口で話があるんです」などと答えてしまった。そんなこともあり、音楽の話が出たときは思わずぎくりとしたものである。

真下教授は日本のＭＥ（メディカル・エレクトロニクス）の創始者で、いわば当時のハイテクノロジーを使いこなされた最先端の科学者でもあった。その頃から真下内科の医局にはちゃんとマイクが付いていて、医局内の会話は教授室に筒抜けになる。必要なときには先生が教室の学生とインターホンで話すというハイテクなシステムだった。

私は自分なりに研究テーマを考えた末、「心房音を記録する装置」を作ろうと決めた。マイクロホンを使っての心音の研究はすでに日本で行われていた。しかし、心室の上にある小さな心房の音まではひろえない。では、マイクロホンを体壁に付けるのではなく、心臓の裏の食道の中に入れて録音すれば、心房音が聞こえるのではないか——。そのため人がのみ込めるほどの小さい豆マイクを自分で作ろうと決心したのである。

さっそく物理の教室へ行って、マイクロホンの構造を勉強した。さらに脳波の研究をしている先輩に録音装置などの作り方を教わり、何とか食道内心房音を録音できる装置も作った。こうして試行錯誤を重ねて、小指の先ほどの小さいマイクが完成。私はまず自分でのみ込んでみて試し、心房音をキャッチすることに成功したのである。

半年がかりでマイクができると、いよいよ患者さんの心房音を録音する。ところが、当時は大学の近くを市電が走っていたため、通り過ぎるたびに電車の音がゴトゴト響く。研究室はもちろん防音になっていないから、微小な心房音を録音することができなかった。

今となれば無謀とも思えるが、私も必死だった。夜10時を過ぎ電車の本数が少なくなると、患者さんを病室から研究室へ連れてきて「これをのまないと心臓の働きがよくわからないから、のんでもらえませんか」と頼んだ。「私も前にのんだことがあるから大丈夫です」と念を押し、弁膜症の患者さんなどにのんでもらう。「はい、息を止めて」と言って、録音装置のスイッチを押そうとすると、そのときに限って電車が通ったりする。仕方なくやり直し、その繰り返しで患者さんにも申し訳なく思う。ようやく録音したものをブロマイドに焼きつけていると、帰りはいつも深夜に及んだ。

そこまで私がこだわったのは、世界でも初の挑戦だったからだ。心房音というのは、それまで海外でも録音した人はいなかった。私はこの研究を論文にまとめ、アメリカの医学専門誌「アメリカン・ハート・ジャーナル」に投稿した。だが直後に戦争に突入してしまったので、採用されることはないだろうと半ば諦めていた。その論文が実際に掲載されたのを確認したのは、戦後、アメリカに留学していた

1950年のことだ。自分の論文を見つけたときはやはり感無量であった。

そして、この研究は内科のみならず産科でも生かされることになった。1940（昭和15）年、私は日本で初めて胎児の心音を記録した。産科の先生にお願いして、生まれたばかりの赤ちゃんの心音を録音。さらに母親のおなかにいる胎児の心音と新生児の心音を比べて、いったいどう違うのかということを研究したのだ。

アルバイトで行った京都の乳児院では、産科の先生、小児科の先生と一緒に研究を続け、新生児の心臓のチェックや妊婦の診察もした。それが当時多かったリウマチ性心臓病やその他の心臓病の早期発見につながり、僧帽弁狭窄症《そうぼうべんきょうさくしょう》の妊婦には流産が起こりやすいとか、早産になりやすいということまでわかる。お母さんたちに妊娠中の生活を指導し、生まれてくる子に先天性心臓病がないかどうかも診察していた。

こうして大学院では2年半ほど研究に専念。そろそろ先の進路を考え始めた頃、思いがけない誘いがあった。

私は在学中、京大ＹＭＣＡの寮にいて、長く学生のボランティア活動にも関わっていた。そこで目に留まったのか、東京からＹＭＣＡ同盟総主事の斎藤惣一《さいとうそういち》先生が来られたときに声を掛けられたのだ。

「同級生の池田泰雄《いけだやすお》医長が聖路加国際病院で、心臓病を専攻している若い医者を求めている。君は心臓病を研究中だそうだが、東京へ行かないか」

実は三高時代、私は京大でなく東大の医学部を志望しようかとも考え、奨学金の世話をしてくれていた物理の教授に相談したことがあった。だが、先生には「三高からは京大だよ、東大へ行く必要はない」と言われ、やむなく諦めたのだ。

自分の中では少なからず東京に憧れる気持ちがあり、斎藤先生からの誘いで心動かされる。それでも大学院には3年間の在籍義務があり、まだ半年残っていた。途中で辞めて行くわけにはいかないので、真下教授に相談に行った。

「私はクリスチャンで、聖路加はミッション系の病院だから、あちらで循環器を専攻したいのですが、それは無理でしょうか」

すると、先生は「いや、構わないよ」と事もなげに言われる。その代わり「博士論文の審査は京大に残る人たちより遅れるだろう」と。私は「それは構いません。今の論文を学位論文として残していきますから、いつでもご都合のいいときに審査していただければ」と話したのだった。

先生は「君、給料はどうなるの」とも聞かれ、「月60円くらいです」と答えると、「それじゃ大変だね」と案じられる。さらに私の覚悟を確かめるようにこう言われた。

「君、箱根の山を越えると、東大の陣地だから苦労するよ」

医学の世界にも「箱根越え」という言葉があることなど知らなかったが、あの頃は箱根を越えて東京に出るということは、敵陣〝東大〟閥に乗り込むことと同義だったようだ。京大の医局の先輩たちにも反対された。

もっとも私自身もその誘いを受けるまでは、聖路加についてさほど知らなかった。だが、医学雑誌を見ると、聖路加では定期的に、優秀な教授陣が出席する格調高いカンファレンス（症例検討会）をやっていることを知った。

当時、聖路加の副院長だった橋本寛敏《はしもとひろとし》先生は循環器を専攻され、心電図を日本の民間病院で最初に使い、不整脈の本を出版したことで注目されていた。民間病院の新しい在り方を示しておられたことにも興味を引かれ、私も臨床の現場に身を置きたいと思うようになったのである。

そんな私の背中を押してくれたのが父から贈られた聖書の言葉である。

〈人が1マイル行かせようとするなら、その人と共に2マイル行きなさい〉

（新訳聖書―マタイによる福音書第5章41節より）

父はその精神でがんばれば何とかなるものだと言い、東京へ行くのもいいだろうとすすめてくれた。私もまた、今ここで大学から未知の野に出て苦労してみよう、と自分に言い聞かせる。大学院に籍を置いたまま、聖路加国際病院へ赴任しよう。まさに〝箱根〟を越えて、東京へ向かったのである。

## 日野原重明

※年齢はいずれもその年1月時点

### 17歳〜28歳

1929〔昭和4〕年　17歳
第三高等学校（理科甲類）に入学。京都で住み込みの家庭教師をしながら勉学に励む。弁論部や文芸部に所属する

1932〔昭和7〕年　20歳
京都帝国大学医学部に入学

1933〔昭和8〕年　21歳
3月、急性結核性肋膜炎で8か月絶対安静となり、1年間休学

## その頃の世界と日本の情勢

1929〔昭和4〕年　世界恐慌

1931〔昭和6〕年　満州事変

1933〔昭和8〕年　国際連盟脱退

1937〔昭和12〕年　25歳
京都帝国大学医学部卒業
循環器内科の真下俊一教授の医局に入局

1939〔昭和14〕年　27歳
徴兵検査は丙種合格
大学院博士課程に進み内科学を専攻

1936〔昭和11〕年　二・二六事件

1937〔昭和12〕年　日中戦争（〜1945年）

1939〔昭和14〕年　第二次世界大戦（〜1945年）

# 第3章　「医者」への道を歩む

1943年、聖路加国際病院で
内科医として働く

## 聖路加のチャペル、クリスマスの思い出

今思えばやはり、聖路加国際病院の医者になる道を選んだのは、クリスチャンの家庭で育ったことが礎になっているのだろう。

「聖路加」とは「聖人ルカ」を意味する。聖人とは、イエス・キリストによる愛と救済の精神を深い信仰をもって伝えた賢者で、その1人である「聖ルカ」もまた医者であった。

聖路加国際病院の創設者、ルドルフ・B・トイスラー先生はアメリカの宣教医師で、1900（明治33）年、24歳になる直前に妻のメリーさんと共に来日。それから2年後、外国人居留地でもあった東京の築地明石町で「聖ルカ」の名を付けた小さな診療所を開いたことが始まりだった。

運命の巡り合わせは、つくづく不思議なものである。私の父も1901年に24歳

でアメリカへ留学し、牧師への道を歩み始めた。その後、母と結婚してキリスト教を中心に据えた家庭を築くことになる。信仰あつい両親の下で育った私が医者を志し、聖路加へ入ったことはまさに神さまの計らいだったように思えてならない。

最初に聖路加国際病院を訪れたとき、私はまず建物の大きさと美しさに目を奪われた。十字架を抱いた塔屋がすっくとそびえる6階建てのモダンな建築は、白亜の殿堂と呼ばれていた。

正面玄関を入り階段を上がると、ゴシック様式のチャペル（礼拝堂）がある。扉を開けて中へ入ると、吹き抜けの天井は高く、聖壇の奥と2階席に色鮮やかなステンドグラスがあり、淡く柔らかな光が差し込んでいる。私の父はプロテスタントの牧師で簡素な教会に親しんでいたので、カトリックに似た米国聖公会の様式に戸惑いもあったが、荘厳な雰囲気に身も引き締まるようだった。

聖路加では毎日、礼拝が行われ、私も朝の祈りを欠かさなかった。聖歌隊が歌う讃美歌、オルガンの温かな音色。そういえば、幼い頃から神戸の教会で母が弾くオルガンに合わせ、よく歌っていたものだと懐かしく思う。関西学院のグリークラブにいた先輩から黒人霊歌を習い、「ジュニア・クワイヤ」という子どもの聖歌隊ができたのだ。今でもそのときに歌った「スティール・アウェイ」を口ずさんだりすることもある。

幼稚園の頃から教会の日曜礼拝で讃美歌を歌い、神さまにお祈りをささげた。クリスマスや復活祭の季節になると、子どもたちも張り切って飾り付けを手伝い、ご褒美にお菓子をもらえるのがたまらなくうれしかった。

小学生になり、7歳で迎えたクリスマス礼拝で、私は新約聖書の「コリントの信徒への手紙1」の第13章1節から13節までを一人で暗誦した。人前で話すと顔が真っ赤になるたちで、あのときも頬が燃えるように熱かったことを覚えている。

13節には「それゆえ、信仰と、希望と、愛、この3つは、いつまでも残る。その中でも最も大いなるものは、愛である」という言葉がある。それが私にとって、生涯を通しての道しるべとなってくれた。

クリスマスの思い出も尽きない。クリスマスイブには夜中にサンタクロースが来て、もみの木のクリスマスツリーにプレゼントをぶら下げていってくれるものと信じていた。どうやら煙突から入ってくるらしいが、私の家には煙突がない。いったい、サンタクロースはどこから入ってくるのだろう。そう思うと眠れず、いつまでも寝ないで待っていて母に叱られたこともあった。

それでも明け方5時頃、眠い目をこすりながらクリスマスツリーの所へ行くと、「しいちゃん」と書かれた靴下がぶら下がっている。「やった！」とワクワクしながら、膨らんだ靴下の包みを開けると、りんご1個、クレヨン、消しゴム、森永キャラメル1箱、小さな画帳、色鉛筆などが入っていた。私はそれを抱えてまた寝床へ戻ると、そっと布団にもぐり込む。心の中で「神さま、ありがとう」とお礼を言ったものだ。

そして、小学2年生のクリスマス。私は父から教会で洗礼を授けられた。少し大人になったように感じ、昨日までの自分とどこか違っている。あれが、やんちゃな「しいちゃん」との訣別の時だったのかもしれない。

## 16歳の少女の死

もう一つ、私にとって医者として生きる道を方向づけた出来事をここに記しておこう。

それは京大医学部を卒業後、4月に大学の真下内科へ入局して間もない頃のことだ。医局では2年間無給で副手を務め、そこで最初に担当した患者の1人が16歳の少女であった。

彼女は貧しい家庭に育ち、小学校を出るとすぐ滋賀県の彦根の近くの紡績工場へ働きに出ていたが、やがて病気を患った。母親に連れられて京大附属病院の外来を受診し、結核性腹膜炎と診断されたのである。

目鼻立ちが整い美しい少女だったが、腹痛と吐き気のために食事をほとんど取れず、頬はこけて目元もくぼみ、やつれきっていた。肺にも少し陰影があり、軽い肺結核も疑われたが、検査では陰性だったので結核病棟に回されず、普通病棟の8人部屋に入院する。その後も3、4日置きに38度前後の熱を出し、時々、下痢をしては腹痛で苦しんでいた。

彼女の家庭は父親がおらず、母親も工場で働いていたので、娘の入院費と生活費を稼ぐためには、病院で付き添うこともできない。2週間に1度くらい、滋賀から見舞いに来るのが精いっぱいだった。それでも母は熱心な仏教徒であり、娘の病気が治ることを願って、工場への行き帰りにお寺参りを欠かさない。娘も信仰心があつく、病床では弱音を漏らすこともなかった。

やがて梅雨に入り、蒸し暑さは募り、彼女の体はますます衰えていく。腕もやせ細り、血圧測定のため腕帯を巻こうとするとまるで細い棒のようだった。採血しようにも、血液量が少なくなって腕の静脈が出てこない。研修医の私も不慣れなせいで、何度も針を替えて穿刺《せんし》を繰り返すことがあったが、本人はいつも痛みを訴えず、採血が成功するまで辛抱してくれたのである。

私が勤務する平日は診察した患者の病状を詳しく記録するため、毎夜遅くまで病棟にいた。少女はひどい腹痛で苦しむことが頻繁になり、そのたびに病床へ駆けつけたが、当時は積極的な治療法もなく、どうしても痛みが止まらなければパピナール・アトロピンという麻薬を注射して、何とか苦痛を和らげていた。そのうち彼女は日曜日になると、39度以上の高熱を出すようになった。

あの頃、私は当直でない限り日曜日に病棟へ行くことはなく、教会の礼拝に朝から出席していた。15人くらいの若い教会員が聖歌隊をつくり、指揮を頼まれたので、礼拝前のコーラスや聖歌の練習のために時間が取られ、夕方も知人の家などを訪問して仕事から解放されていたのだ。

7月に入ると厳しい炎天が続き、少女の容体はいよいよ悪くなった。母親が見舞いに来ては娘を励ましていたが、彼女はなぜか日曜になると高熱と腹痛で苦しんだ。当直医もモルヒネ剤を注射すると習慣性になり、いざというときに効かなくなると言って、あまり効果のないルミナールという鎮静剤を注射していたようだ。そして、彼女がひどくつらい日曜日を過ごした翌日、私は日曜日に出勤していた同僚から思いがけない話を聞いたのである。少女はこう漏らしたと言う。

「日野原先生は、日曜日だけはいつも病院へ来られないのよ……」

私が来ないことを寂しがり、日曜日を迎えるのが嫌だとも言う。その話を聞いた瞬間、私は彼女に悪いことをしたという自責の念に駆られた。日曜日でも必ず病棟へ先に立ち寄り、患者の顔を見てから教会へ出掛けようと決め、それからは欠かすことなく続けた。

それから程なく、16歳の少女との別れの時が訪れた。

7月下旬のある日曜日、早朝から彼女の容体はいっそう悪化し、嘔吐が止まらない。私が病棟へ駆けつけたときは、すでに腸閉塞を起こし、血圧も下がっていた。個室の重症室へ移したが、もはや手だてはなく、彼女の苦しみを抑えるにはモルヒネ剤の注射しかなかった。

私はいつもの2倍量を注射すると、懸命に祈りながら、弱まっていく脈拍を数える。苦痛で意識が遠のきそうになると、その手を強く握って呼びかけた。

「今日は日曜日だから、お母さんが午後から来られるよ。だから、がんばりなさい」

間もなく痛みも少し軽くなったようで、少女は大きな目を開いて私を見つめた。

「先生、どうも長い間、お世話になりました。日曜日にも先生に来ていただいてすみません。でも、今日はすっかりくたびれてしまいました」

か細い声で言うと、しばらくしてこう続けた。

「私はこれで死んでゆくような気がします。お母さんには会えないと思います」

言葉は途切れ、そっとまぶたを閉じる。しばし静まり返った病床で、彼女はまた目を開けた。

「先生、お母さんには心配をかけ続けで、申し訳なく思っていますので、先生からお母さんに、よろしく伝えてください」

かすかに笑みを浮かべ、彼女は胸元で手を合わせると合掌した。だが、私はとっさに返す言葉も見つからない。口をついて出たのは空しい励ましの言葉に過ぎなかった。

「あなたの病気はまたよくなるのですよ。死んでゆくなんてことはないから、元気を出しなさい」

その途端、彼女の顔色が急に変わった。私はすぐ病室から廊下へ駆け出すと、声を張り上げて看護師を呼び、血圧計とカンフル剤を持ってこさせた。直ちに強心剤を注射したが血圧はひどく低下し、血管音ももはや聞こえない。私は眠りかけた彼女の耳元に口を寄せて叫んだ。

「しっかりしなさい。死ぬなんてことはない。もうすぐお母さんがみえるから」

はっと気付いて目覚めた彼女は茶褐色の胆汁を吐いた。2つ、3つとあえぐように息をした後、すっと呼吸が止まる。私は慌てて彼女のやせ細った左の乳房に聴診器を当てたが、心音を捉えることもできなかった。

初めて受け持った患者の死は衝撃である。その命を助けられなかったことよりむしろ、死を受容した患者を受け止められなかったことへの悔いが残ったのだ。どうしてあのとき、「安心して成仏しなさい」と少女に言ってあげられなかったのか。「お母さんには、あなたの気持ちを十分に伝えてあげますよ」と、なぜ言えなかったのか。励ましの言葉ではなく、ただ黙って手を握っていてあげればよかった……と。

病床の少女は治る見込みがないことを悟り、死を受け入れたことで、母親に自分の気持ちを伝えておきたかったのだ。しかし、私は死を受容した彼女を安らかにみとるのではなく、最期まで苦しめてしまった。母親の代わりをどうして上手に果たせなかったのか、そのことがいつまでも心に引っかかっていたのである。

医者というのは患者に治療を施すばかりでなく、むしろ患者から教えられることの方が多いだろう。16歳の少女との訣別を経て、その後の生き方につながる大切なことを学んだ。

私は京大の医局から、大阪の北野病院、伝染病を専門にする京都病院（現・国立病院機構京都医療センター）へ派遣されて、臨床医としての経験を積んだ。さらに心臓病や血管の病気をもっと勉強したいと考え、京大の大学院へ。そこから東京の聖路加国際病院へ赴任。医者として70余年の歳月を過ごしてきた。しかし、今もなおまだまだ学び足りないと思っている。

数多くの患者の死と向き合ってきたが、この年になっても「死」というものを真に理解できてはいないし、それは大きな問題として、なお命ある限り私の中に存在し続けることであろう。

## 戦時下の聖路加国際病院

私が聖路加国際病院へ赴任したのは1941（昭和16）年9月。それから3か月後、太平洋戦争が勃発したのである。

働き盛りの若い男性医師の元へは召集令状が届き、軍医として戦地へ送られていく。病院に残ることになったのは、日系2世のアメリカ人医師、兵役を免除される年配の医師と女医さん、そして、赴任したばかりの若い私だった。大学時代に結核にかかった後遺症があり、徴兵検査で丙種合格となって召集されなかったのだ。

ともあれ私は戦時下を聖路加で過ごしたことで、医療の現場で得難い体験をすることになった。

もともと聖路加は米国聖公会の支援によって設立された総合病院で、アメリカ式の最新医療を積極的に取り入れていた。病棟は、2階がロビーと特別室、3階が内科、4階が産婦人科、5階が外科、6階が小児科になり、検査室、手術室、ナースステーションなどもある。全館に暖房が完備され、入院患者の厨房や配膳室、職員食堂、最上階には患者やその家族がくつろげるサンルームやコーヒーショップまであったのには驚いたものだ。

当時の日本にはこれほど設備が整った病院はなかった。「聖路加の病棟は患者さんが病人ではなく、一人の人間として過ごす場所である。特に入院患者さんには、快適に生活するための施設と看護が必要」と聞かされ、目を見開かされる。私にとって病院の在り方を見つめ直す原点となった。

聖路加では日本で最初に高等看護教育を手掛け、聖路加女子専門学校（現・聖路加国際大学）を併設。さらに検査技師、ソーシャルワーカー、栄養士、ハウスキーパーなど、それぞれ専門技術を持つ職員が活躍していた。

赴任した当初、私は内科医長の池田泰雄先生の下についた。池田先生はドイツ語と英語が堪能だったため、外国人の患者が多かった。私も語学は得意であったので、アメリカをはじめ各国の大使館回りをよくさせられた。

夏になると各界の名士が軽井沢へ避暑に出掛け、聖路加も現地で夏期診療所を開設していた。私も着任後間もなく軽井沢勤務を命じられる。内閣総理大臣の近衛文《このえふみ》麿《まろ》公はじめ、政治家、学者、文学者が診療所へ来られ、その別荘へ往診もした。日米開戦の回避に尽力された外交官の来栖三郎《くるすさぶろう》大使とも家族ぐるみの付き合いをし、アリス夫人には息子のようにかわいがられた。新米医師でありながらも、多才な方々の知遇を得られたことは幸運でもあった。

だが、希望に燃えてスタートした聖路加での日々は程なく一転する。

その年の12月、日本はハワイで真珠湾攻撃を行い、それが引き金となって太平洋戦争に突入。日本軍の勝利のニュースが新聞やラジオで報じられ、国民の多くは「大和魂」が敵国を打ち負かすと信じていた。

一方、アメリカの国力を知る聖路加の職員たちは戦況の厳しさを予見していた。アメリカ人の医師たちは次々に帰国。開戦の翌年、私が担当医師だったジョセフ・クラーク・グルー駐日大使夫妻もアメリカへの最後の交換船「浅間丸」で帰還することになる。その際、忘れ難いハプニングがあった。

出航する当日、私はグルー夫妻を見送るため横浜港へ行き、一緒に乗船した。グルー夫人に何か強壮剤を注射してほしいと頼まれ、夫人はそれで気持ちが落ち着かれたようだった。グルー夫妻は立派なスイート・ルームに入られ、間もなく食事が出たので、私も「まだ船は出航しないから、夕食を一緒に食べていかないか」と誘われる。ありがたく食事を頂いているうち、いつの間にか船が出航してしまった。気付いたときはもう東京湾の外である。まさか、と慌てた私はすぐ船長室へ走り、無線を打って警察に知らせてもらうと、船長は沖合で船を止めてくれた。間もなく駆けつけた迎えの連絡船に乗船して横浜港へ戻ることができた。今となれば笑い話だが、さすがに肝を冷やした出来事である。

聖路加で親しくなった人たちとのこうした別れは悲しいものだったが、私たちもまた再会を願いながら、病院を守ろうと心に固く誓っていた。しかし、やがて存続も危ぶまれる状況に陥る。日本政府が主な病院を管理下において統制しようとする動きが強まり、聖路加もその対象となったのだ。

ついに病院の名前も「大東亜中央病院」に変更せよと指導された。「キリスト教の聖人ルカの名前を病院名とし、塔屋に十字架を掲げていることで対戦国アメリカとの関係の深さを疑わせ、アメリカのスパイではないかとの誤解を受ける」というのが理由である。病院の理事や幹部たちは頭を悩ませたが、当時の軍部の圧力には抗いきれず、苦渋の決断を迫られた。

やむなく病院名を変えたところ、さらに追い討ちをかけるように憲兵隊が訪れた。病院の塔屋にそびえる十字架が爆撃の目標になるから外すように、という命令だ。しかも病院の玄関脇にある「神の栄光と人類奉仕のため」と刻まれた定礎石も取り外すようにと強要される。聖路加で働くことに誇りを持つ職員は深く傷つけられたが、執拗な命令に屈するしかなかった。

塔屋の上の十字架は無残にも切断される。聖路加の理念を刻んだ御影石の定礎石は薄板で覆われ釘で打ち付けられた。1927（昭和2）年からチャプレンを務めてきた竹田眞二《たけだしんじ》司祭も配置転換を余儀なくされた。それでも司祭は夫人と共に毎朝チャペルで祈りを捧げることをやめなかった。

私たちの胸には変わらぬ決意があった。たとえ名前や方針が変わっても、患者の命を守る病院であり続ける——その一念で、聖路加に残った人たちは戦時下の東京で医療に尽力した。

いかに人手不足になっても、来院する患者の数は変わらない。私の専門は循環器内科だったが、大勢の入院患者と外来の患者を診るため専門外も担当した。看護師も野戦病院へ赴任したため、女子専門学校の上級生たちが病院内で働き、私たちは昼食も取らずに診察に追われる日々が続いた。

戦況がいっそう激化したのは1944（昭和19）年の春頃からだ。パラオ、サイパン、グアムでの戦いで日本軍は次々に撤退。アメリカ軍はいよいよ日本本土を攻撃する作戦に出た。

11月1日、東京上空へ敵機が飛来。不発弾の破片で4人の負傷者が出て、聖路加国際病院へ搬送された。それ以後、各地で軍需工場などを狙う爆撃が激しくなり、聖路加では負傷者の応急診療をする第2次救護所と救護班を編成した。

「いずれ敵国軍が上陸し、本土決戦となる日は近いかもしれない……」

にわかに不安も高まる中、空襲警報のサイレンが頻繁に鳴り響くようになった。

病院では夜間の空襲に備え、日暮れとともに、病棟の妊婦や子どもたちをより安全な地下室へ誘導することが日課となった。小児科は6階にあるので、竹製のソリを作り、乳幼児はそこに乗せて階段を滑らせるようにして運ぶ。さらに手の空いた職員は子どもたちを両脇に抱え、背中にもおぶって地階まで連れていく。その繰り返しは大変な重労働だったが、敵機はいつ来るかわからないので必死だった。

空襲警報が鳴るたび、外来の診療も中断される。空襲があれば停電してしまうので、手術中は患者の命の危険に関わる。医薬品や生活物資に困窮し、暖房のための灯油や炭なども手に入らない。病院では大量の水が欠かせないので、屋上の水槽に用水を運び上げるのも職員の仕事。何より食料不足は深刻で、体力も弱っている患者が栄養失調にならないか、病気が悪化しないか、と絶えず気掛かりだった。

そして、いよいよ日本も危ないのでは……と予兆を感じたのは、1945（昭和20）年初め。私のように丙種合格で兵役を免れていた人も召集されるらしいとうわさが立ち始めたからだ。

日本軍の戦傷病者は増え続け、軍医も不足していると聞く。私も軍医になって戦地で救護に当たろう、と覚悟を決めた。陸軍に取られると一兵卒になるが、海軍を志願すれば、4週間の訓練で軍医少尉に任官できるという。そこで海軍病院がある戸塚の練兵場で軍事訓練を受けることになった。

病院ではゴム靴に粗末な服を着て、一日の大半は白衣姿で過ごす。それが革靴にサージの軍服、サーベルを支給され、格好ばかりは士官らしく見えた。しかし、厳寒の2月、陸上訓練で激しくしごかれ、私は2週間後に扁桃腺炎《へんとうせんえん》で高熱を発してしまった。全身がひどくむくみ、検査をすると尿にたんぱくが出ている。かつて小学時代にもかかった急性腎炎と診断され、直ちに入院。2週間を安静にして過ごした。

退院後は残りの訓練を終えてから除隊。予備役軍医として待機することになり、召集されるまでは聖路加へ戻り、診療を続けることを許された。その後、私は戦地へ行くこともなかったが、空襲にさらされる東京ではまた悲壮な現場が待ち受けていたのである。

# 焼け野原の街で待つ人たちに

過酷な戦時下において、私には命を懸けて守るべき新たな家族もできた。

聖路加国際病院へ赴任した翌年、私は31歳で結婚し、家庭を持つ。妻の静子《しずこ》は同じ教会の会員だった。当時、父が広島女学院の院長を定年退職後、東京の玉川平安教会へ赴任しており、私たちはそこで知り合ったのである。

1942（昭和17）年12月3日、戦時中の灯火管制下であったが、銀座教会で挙式。東京會舘でささやかながら披露宴を催し、親交のあった来栖三郎大使も主賓として出席してくださった。ちなみに妻・静子の主賓の一人は書家として有名な篠田《しのだ》桃紅《とうこう》さん。妻は篠田さんの書の弟子だった。新婚旅行は熱海で1泊、次いで箱根の富士屋ホテルに泊まり、翌日はすぐ東京へ帰って、病院へ直行という慌ただしさ。新婚とはいえ、私は病院で宿直することが多いため不規則な生活が続く。家で顔を合わせる時間も少なかったが、妻はひと言も不平を漏らさなかった。

最初の1年間は、横浜の日吉駅近くでフランスへ赴任した大使の私邸を借りて、2人で暮らす。その後は東京・世田谷の一軒家で両親と同居した。

食料が配給制になると、私は週に一度は埼玉県の川越辺りまで買い出しに出掛ける。電車は乗客であふれ返り、窓から乗り込むのが常だった。川越まで3時間もかかるのでトイレに行かずに済むように、朝から水も飲まないで行く。患者さんなど知り合いの農家を訪ね、米やナス、キュウリなど畑で採れた野菜を分けてもらって帰る。家族だけでなく隣近所とも分け合ったものだ。

妻の静子も同居する私の両親のために尽くしてくれたが、頼りにする夫が海軍を志願したときはさぞや心細かったことだろう。私が戸塚で訓練に励んでいた頃、日本各地への空襲はさらに激しさを増していた。

そして、1945（昭和20）年3月10日未明。アメリカ軍の大型爆撃機B29の大編隊が首都圏を急襲した。20万戸以上の家屋が焼失し、100万人以上が被災、死者・行方不明者は10万人以上という惨禍をなした東京大空襲である。

その晩、私は世田谷の自宅にいた。すでに海軍を除隊し、聖路加へ戻ってからは病院に泊まり込むことも増えたが、この夜は幸いにも家族の元にいたのである。自宅近くにも焼夷弾が落ちたが、すぐにたたき消すことができたので火災はまぬがれた。不安に暮れる家族を残すのは気掛かりでも、〝聖路加へ行かなければ〟という思いが募る。妻に両親を託すと、家を飛び出した。

甲州街道沿いを新宿まで歩いて行くと、その先は無残な焼け野原に変わり果てていた。皇居手前の半蔵門辺りも企業や官庁などのビルがすっかり焼け落ち、はるか東の方向に病院の塔屋がぽつんと見えた。

みんなの安否が気になり、駆り立てられる思いで歩き続けるが、あちこちで燃え上がる炎と煙の熱気に包まれて息が苦しくなる。逃げ場を失くしてぼうぜんとさまよう人たち。体中にやけどを負った子どもが2人、「かあちゃん、熱いよ」と泣き叫んでいる。私は持っていた手拭いを裂いて顔や足の傷口を覆うと、途方に暮れる母親に「築地の病院へ行きなさい」と告げた。

どれくらい歩いたことか、病院へ着いた頃はもう明け方だった。当直で病院にいた医師や看護師たちは、次々に運ばれてくる負傷者の受け入れに追われている。病棟はもとより、チャペル前のロビー、地下室、女子専門学校の体育室、ついには廊下までベニヤ板を並べ、その上にマットレスを敷いて、負傷者を収容していた。

「日野原先生、よく来てくれました。すぐに診察をお願いします！」

すすけた顔で現れた私を見つけると、職員たちはかすかに笑顔を浮かべる。私も直ちに診察に当たるが、治療をしたくても薬や包帯はまるで足りなかった。

顔や体の一部が焼け焦げて炭のように固まってしまった人、傷口から激しく血があふれ出ている人。全身にやけどを負って「どうか水を下さい」と振り絞るようにうめく人がいても、水を与えればすぐ死んでしまうのだ。

それでもいくらか苦しみを和らげることができればと、とにかく患部を押さえて出血を止め、チンク油を塗ってガーゼをかぶせる。それすらもなくなると、新聞紙を燃やした粉を傷口に振りかけて分泌物を吸い取ることしかできなかった。

いずれもひどいやけどには効果もなく、運ばれてきた人たちは次々に亡くなっていく。私たちはひたすら死亡診断書を書き続けながら、医者として何もできないという無力感に苛まれていた。それでもまた運ばれてくるが、もはや寝かせる布団もない。遺体はトラックに乗せられ、空き地に掘った溝の中に埋葬された。

「ここは屋根があるだけの戦場です……」

そう漏らした同僚の医師がいたが、空襲の犠牲者が増えるほどに、「こんなことはあってはならない」という思いが湧き上がってくる。

空襲警報が鳴ると、人々は防空壕に避難していた。だが、そのうち夜になると、近所の人たちが病院に集まってくるようになった。それはアメリカ軍の飛行機からビラが撒かれたことがきっかけだった。表には〈米国より日本への賜物　東京市築地聖路加病院〉と日本語で書かれ、裏にはこう記されていた。

〈此の戦争は我々が始めたのではない。君等の知って居る通り、この戦争は日本

の軍部が警告もなく、又陛下の御裁可も仰がずに真珠湾を攻撃して始めたのである。……（中略）

我々は自国の為に戦ふ人々に敬意を表する。君等は勇敢に戦って来た。併し、我々は無駄な犠牲を嫌ふ。君等は勇敢に戦ったにも拘らず、今非常な不利に陥っている。はや、勝負は明らかである。これ以上戦闘を続ければ無駄な苦しみを増すばかりである。早く戦争を止めて……〉

日本軍部の非を責め、早く戦争をやめるべきだと言わんばかりの内容に人々は懐疑心も抱くが、「アメリカからの贈り物」である聖路加国際病院に避難すれば安心、と思われたようだ。病院の地下室は日増しに避難してくる人たちでいっぱいになっていく。私たちは長引く戦況の中で疲弊している市民のために、何かできることはないかと考え続けた。

東京大空襲から3か月たった6月、当時の人気歌手、灰田勝彦《はいだかつひこ》さんがギター奏者の兄と共に楽団を率いて病院へ慰問に来てくれた。病院の待合室がコンサート会場になり、集まった人たちは久しぶりに聴く音楽を楽しみ、つかの間でも明るい笑顔が戻る。そこで思いついたのが、大空襲で住む家や肉親を亡くし、失意の中にいる人たちに音楽を届ける慰問活動だ。

トランペットの上手な職員に声を掛け、看護学生たちの合唱隊を結成。病院での仕事の合間を縫って、中野や目黒、世田谷などの避難所を回る。慰問先では職員がトランペットを吹き、コーラスを披露すると、集まってくれた人たちにとても喜ばれた。看護学生たちが紙芝居をした後、私たちの出番となる。健康診断を希望する人に並んでもらい、医師が順番に診察し、持参した救急箱の中でできる限りの治療もする。すべてボランティアで治療費はもらわなかった。

家を失った人々は、地面を掘って造った防空壕をトタンで覆った壕舎に住んでいた。慰問する際には保健師も同行し、避難生活でも清潔に過ごすための衛生指導を心掛けたのである。

「先生、この次はいつ来てくださいますか」

そう聞かれるたび、胸が痛んだ。戦争末期になると空襲はますます激しさを増し、私たち病院の救護班は被害が大きかった地域への出動も続いていた。空襲で焼け出され、やけどや重傷を負う人たちは後を絶たなかった。

いったい、いつ日本は降伏するのか。漠然とした思いがいつも胸中にくすぶっていた。沖縄はアメリカ軍によって占領され、8月6日には広島、9日には長崎に原子爆弾が投下された。一瞬にして20数万ともいわれる市民の命が奪われようとは、どうして想像できるだろう——。

それから6日後、日本は終戦を迎えた。

## 新たないのちの誕生

1945(昭和20)年8月15日。正午近く、病院の職員はチャペルの前のロビーに集まるよう指示された。天皇陛下から特別なお言葉があるという。ラジオから昭和天皇が終戦を告げる玉音放送が流れ始めると、しんと静まり返る。日本が無条件降伏を受け入れたことを知るや、すすり泣く人もいた。

やむなく敗戦と認めざるを得ず、空虚な気持ちにもとらわれたが、不思議と悲しみのような感情は起きなかった。これで空襲の恐怖におびえることはなくなる、人々は安心して暮らせるのだと、むしろ安堵する思いの方が大きかったのだ。

私は戦地へ赴くことはなかったが、戦渦の街で生きる人たちと向き合うことで戦争というものの本性を知ったのだと思う。戦争は人をクレージーにしてしまう。どんなに善良な人をも健全な判断ができないようにしてしまう。終戦の2年後に施行された日本国憲法に、日本が永久に戦争を放棄すると書かれていると知ったとき、私は心底、感動したのだ。医師というのは、どんな状況においても敵味方の関係なく、人の命を助けることが使命である。その意味で平和を遵守する立場であるが、玉音放送のあの日、そして日本国憲法が施行されたときから、私はこの国をよく

して ゆく ために、傷ついた人たちを助けていくというような前向きな使命感を持ったのだ。

終戦から2週間後、日本は連合国軍に占領され、病院も接収されることになった。東京に進駐したGHQ（連合国軍最高司令官総司令部）のマッカーサー元帥は公衆衛生福祉局をつくり、軍の拠点として聖路加の建物を使うことに決めたのだ。軍医ら医療関係者が病院を訪れ、私が折衝に応じた。すると、建物すべてを接収するから2週間で立ち退くようにと命じられたのである。

ふと思い出したのは、東京大空襲後にアメリカ軍の飛行機からまかれたビラのことだ。そこには「聖路加国際病院は爆撃しない」と書かれていたが、どうやらアメリカ軍はすでに聖路加を接収し、陸軍病院にすることを決めていたらしい。

GHQの命令とあっては従わざるを得ず、私たちはまず入院患者の転院先を確保した。さらに占領軍に明け渡した後、どこで診療を続けるかも問題だった。東京都民政局衛生課に相談すると、「今は閉鎖されて使っていない都立整形外科病院の建物がすぐ近くにあります。そこを仮病院としてお貸ししましょう」と言われた。

何とか都合してもらった病院は平屋の小さな建物で、ベッドの数もわずか15床だった。やむを得ずレントゲン装置など大型機器は聖路加に残し、必要な医療器械や器具は運び込めるように院内を改装する。足りない診察室は部屋を仕切って造り、病棟のベッド数も増やした。

終戦から3か月もたたず、11月1日には診療を開始。名称も「聖路加国際病院」に戻り、小さな病院の待合室ではいつも診察を待つ人たちが行列を成していた。医師や看護師ほか職員も5分の1以下に減ったが、院長の橋本寛敏先生は「病院の規模を縮小した分、余力があれば院外の医療活動に充てよう」と高い志を掲げていた。

やがて戦地に召集されていた医師や看護師が復帰すると、私たちはかつて行っていた訪問看護活動を再開。敗戦直後の焼け野原は生活環境も劣悪になり、各地で赤痢などの感染症が流行していた。住む家や親を亡くした子どもたちが駅の地下道などで暮らしており、感染症で死に至ることも多かった。不衛生な生活を余儀なくされた人たちの健康を案じ、私たちは街頭に出掛けて公衆衛生活動にも取り組んだ。病院を訪れる人たちばかりでなく、自宅で闘病している人、貧しくて治療を受けられない人たちにも救いの手を差し伸べたい――。私自身も新たな使命を見いだしていた頃、我が家では新たな命を授かったのである。

戦後間もなく妻の静子が身ごもり、臨月になるとこの小さな病院に入院した。内科の診察に追われていた私はなかなか病棟を訪ねられずにいたが、あるとき、産婦人科からいきなり知らせを受けた。

まだ産気づいていないと思っていた助産師が病棟へ行くと、なんとすでに妻は一人で出産していたというのだ。助産師は慌てて産科の先生に報告し、先生が病棟へ駆けつけると、まだへその緒の付いた赤ちゃんがベッドの上で元気に手足を動かしていたという。妻は辛抱強い女性なので、ずっと一人きりで陣痛を我慢しているうちに生まれたらしい。さすがに私も面食らったが、母親の強さにはあらためて畏れ入る。それにしても、長男の誕生はうれしいことであった。

## 生涯の師、オスラー博士との出会い

終戦直後、私にとって特筆すべきことは、ウィリアム・オスラー博士との出会いであろう。出会いといっても、医学書を通してのものである。

戦後間もなく聖路加国際病院はアメリカの陸軍病院として接収されたが、その際に病院長として赴任したバウワーズ軍医大佐と接する機会があった。陸軍病院に医学図書館が整えられたと聞き、勉強のために個人的に利用したいと頼んだところ、幸いにも自由に出入りできるパスをもらえたのである。

戦時中はアメリカの医学雑誌や教科書はいっさい入手できず、アメリカ医学がどんなに進んでいるか皆目わからなかったが、最新の医学雑誌やテキストなどを読んで、私はその進歩のほどに驚いた。病院の仕事が終わるとすぐライブラリーへ行き、夜遅くまで文献を読んではノートに書き写すことを始めた。

これらの医学書を読んでいると、いろいろな論文にオスラーという名前が出てくる。そこでウィリアム・オスラーという医師に興味を持つようになった。たまたま聖路加の古い図書室の書庫を調べているとき、オスラーによって書かれた内科の教科書と、彼の伝記『The Life of Sir William Osler』を発見する。これらは聖路加国際病院を創設したトイスラー院長が所蔵していたもので、私もこの伝記を読むにつれ、オスラー博士の生き方と医学に対する態度に非常なインスピレーションを感じたのである。

ウィリアム・オスラーは1849年にカナダの寒村で生まれ、イギリス人でプロテスタントの牧師の父を持ち、9人兄弟の8番目の子として育った。19歳で牧師になるためトロントのトリニティ大学の文科に入学したが、2年生のときに医学への転向を思い立つ。トロント医学校（現・トロント大学医学部）に入学後、カナダで一番と定評のあるモントリオールのマギル大学医学部へ転学した。

卒業後は、兄から経済的援助を受けてイギリスやドイツで学び、カナダへ帰国。

母校の医学部で内科医として臨床に携わり、学生たちに生理学や病理学を教える。その後、オスラーはアメリカのペンシルベニア大学の内科教授を経てジョンズ・ホプキンス大学で新しい医学校の創設に尽くし、50代半ばでイギリスへ。オックスフォード大学の欽定教授として医学生を指導する傍ら、世界屈指の図書館として名高いボドレイ図書館の幹事にも任命された。

彼はもともと医学の歴史に興味を持ち、古書を多く集めていたが、一方では、ホイットマンの詩を愛し、文学や哲学への造詣も深かった。彼の住居「オープン・アームズ」には、多くの医学生や若き医師たちが集ったという。そしてその地で70歳の生涯を終えたのだった。

オスラーの人生を知れば知るほど、自分との共通点があるような気がしてならなかった。彼の医学だけに留まらない精神的な豊かさや、真摯な人生の歩みそのものに、心引かれたのだ。

私はオスラーの講演集『平静の心』も出版されていることを知った。何とか手に入れたいと探していたところ、その話が陸軍病院のバウワーズ軍医大佐に伝わった。すると、大佐もまた医学校を卒業する際に記念に贈られたそうで、戦争中、病院船の医療責任者として服務中にも手元に置いて夜ごと読んでいたという。私は大佐からその貴重な本を頂き、夢中になって読みふけった。

オスラーは、医学生を講義室よりも患者のいる病室で教育したことでも有名である。彼が回診するときは、病室の空気が急に爽やかになったと弟子たちは語っている。病室を訪れるときには、どんなに忙しくても、ベッドのそばにいすを引き寄せ、腰を掛けて、患者と視線ができるだけ水平になるようにして、優しく語り掛け、患者の話をゆっくり聴いた。そして、上着のポケットから聴診器を出して、極めて丁寧に診察する。診察後はよく明るい冗談を言って、患者の気持ちをほぐす妙を心得ていたという。

私はオスラーから患者へのケアの心も学んだ。オスラーは「医学はサイエンスに基づいたアートである」という言葉を残している。

医学とは「サイエンス」つまり科学とともにあり、注意深く観察して事実を集め、例証や実験を積み重ねて、冷静に分析していくものである。しかし、医学が他の自然科学と違うのは、病気を患う人間の心と向き合う感性が求められるということ。「アート」とは技、つまり患者への接し方や会話の仕方、患者の人間性に深く触れること。この両者があいまって、患者の問題は解決されるのである。

オスラーは医師として最も重要なことは、「謙譲の徳」を持つことだとも述べている。そして医学生には、「絶えず勉強し続けよう、空を飛ぶ鳥のように羽ばたき続けよう」と励まし、詩人ローエルの言葉を引いて、心が「南を向いている」ように陽気な気持ちを持つようにと教えた。

オスラーが愛してやまなかった医学生たちへの人生指針。敗戦後なお暗い雲に覆われていた日本で、私も彼の言葉に出合ったことでいかに励まされたことか。オスラーの精神は、医師として生きる道に希望の灯をともしてくれたのである。

## 日野原重明

※年齢はいずれもその年1月時点

### 29歳～35歳

1941〔昭和16〕年　29歳
9月、東京・築地の聖路加国際病院に内科医員として赴任

1942〔昭和17〕年　30歳
12月、31歳で同じ教会会員だった二見静子と結婚
終戦後、3人の男児誕生

## その頃の世界と日本の情勢

1941〔昭和16〕年　太平洋戦争（～1945年）

**1943〔昭和18〕年**

31歳
医学博士の学位を受ける。4月より聖路加女子専門学校（戦時中の名称は興健女子専門学校）の非常勤講師を兼務。薬理学、診断検査法、解剖生理学などを担当。英語、音楽の指導も行う

**1945〔昭和20〕年**

33歳
終戦の詔勅を聖路加国際病院のチャペル前ロビーで聞く。終戦後、聖路加国際病院は連合国軍に接収され、その間、東京都から借り受けた病院で診療する。米国陸軍第42病院（後に米国東京陸軍病院）の医学図書館で、アメリカ医学の開拓者ウィリアム・オスラー医師を知る

**1945〔昭和20〕年**

3月、東京大空襲
4月、沖縄戦（〜6月）
8月、広島、長崎に原爆投下
8月15日、終戦
10月、国際連合発足

# 第4章　アメリカ医学と出合って

1951年、アメリカ留学を前に両親と妻と

## 父から授けられた人生の〝羅針盤〟

〈地上では欠けたる弧。天上では全き円〉

私が中学1年生の頃、教会で説教する父はイギリスの詩人ロバート・ブラウニングの詩を引用し、こう説いた。

「小さな円を描いて満足するより、大きな円の、その一部である弧になれ」

大きなビジョンというものは、なかなか人に理解されないものであるが、それでも果敢に挑戦すれば、自分が生きている間は未完に終わっても、誰かがそのビジョンを引き継いで、いつの日か大きな円を完成してくれるだろう、というのである。

生涯を伝道にささげた父の姿は、私に人生の使命といったものを教えてくれた。

敗戦後、アメリカ軍に接収された病院で最新のアメリカ医学に触れた私は、何とかアメリカへ留学したいと願うようになった。またオスラー博士の文献に出合い、ぜひとも日本の医師や学生にも知ってもらいたいと思って伝記を著し、『アメリカ医学の開拓者―オスラー博士の生涯』と題して出版した。当時の紙不足からわずか1000部の刊行であった。

オスラーの人生をたどるほどに、アメリカ医学の現状をこの目で見たいという気持ちに駆り立てられる。戦後の貧しさの中、アメリカ留学などおよそ叶わぬ夢とも諦めていたが、力強く背を押してくれたのが私の父だった。

アメリカのメソジスト教会関係から奨学金が出る留学生を募集していることを知り、父に頼んだところ快く尽力してくれ、英語の実力を見る選考試験を受けられることになった。幸いにも試験にパスし、聖路加国際病院の医師としてアメリカ留学が決まったのである。

父もまた明治という激動の時代にアメリカへ5年間留学し、あの国のスケールの大きさを体感していた。日本が欧米から押し寄せる文明開化の波にさらされる中、いかにアメリカを目指し、牧師への道を歩んだのか。ここで少し、父の人生に触れておきたいと思う。

父・日野原善輔は、1877（明治10）年、山口県萩市の士族日野原良幸《よしゆき》の4人兄弟の末子として生まれた。萩といえば、吉田松陰《よしだしょういん》の松下村塾で知られるが、父も幼いときから何かにつけ「松陰先生」の話を聞かされていたようだ。

その影響を受け、学生時代には松陰に倣《なら》って徒歩で九州一周をなしたこともあったという。松陰はアメリカへの密航を企てて捕らえられたが、父もまた外国への関心を深めていったのは、やはり萩という地に流れる自由闊達な気風によるかもしれない。

父の実家は歴代禅宗の熱心な信者であった。今もまだ萩の通心寺には日野原家代々の墓があるが、末っ子の父は祖母にことの外かわいがられ、よくお寺に連れていかれたそうだ。子どもながらに住職の敬虔な人柄に心打たれ、「大きくなったら、お坊さんになりたい」と思ったこともあるらしい。

そんな父がキリストの教えに出合ったのは、中学生の頃。当時、父の一家は山口市に移り住んでいた。八坂神社の境内で、若きアメリカ人宣教師ケイ・ハーラン女史が英語学校と伝道講義所を開いていた。それを知った父は仲間たちと英会話と英語の聖書を習いに通ったと聞く。

14歳にして洗礼を受け、クリスチャンとなった。そのとき男子12名、女子2名が受洗したが、父は最年少であったという。

すでに夫に先立たれていた母親に「母上、私は耶蘇《ヤソ》になりました」と告白したところ、母親は嘆き悲しみ、萩の菩提寺へ善輔を連れていくと「どうか改宗してほしい」と懇願する。

しかし、当人は頑として聞かず、母の箸箱にこっそり遺書を潜ませると、実家を飛び出す。そのまま山口へ戻って、教会で信仰生活を続けた。

折しも、父は神戸でミッションスクールの関西学院が設立されたことを知り、そこで学びたいと心を決める。まだ山口からの山陽鉄道は敷設されておらず、広島の尾道まで歩いて行き、そこから船で神戸へ。関西学院普通学部に入学すると、牛乳配達をしながら勉学に励み、高等部まで進んだ。

私も同じ関西学院で学んだが、両親に守られ、いかにのんびり過ごしたことかと頭が下がる。父は高等部を卒業後、徴兵によって山口歩兵第42連隊へ入隊する。2年間の軍隊生活は厳しく、いつも上着のポケットに聖書をしのばせて変わらぬ信仰を守っていた。

そんな父が導かれるようにアメリカ留学を果たしたのは、1901（明治34）年。24歳のときだった。

山口の中学で英語教師をしていた父に、すでにアメリカへ留学していた関西学院の先輩から誘いがあったのだ。万事手はずを整えてくれ、授業料や寄宿舎の経費などは一切奨学金で賄われると聞く。父はアメリカ・ノースカロライナ州のデューク大学（当時はトリニティ・カレッジ）へ留学。4年間の大学課程と1年間の大学院で神学、英文学を修め、1906（明治39）年に帰国する。その船中で、キリスト教の牧師となる決意をしたそうだ。

帰国後、父は大阪西部教会の牧師に就任し、間もなく同じ山口出身でクリスチャンの母と結婚する。母は2人の子を産み、さらにもう1人がおなかに宿った頃、父は2度目の留学を決意した。伝道者として生涯をささげるためには、さらに本格的に神学を学びたいと願い、１９１１（明治44）年に再び渡米。ニューヨーク市のユニオン神学校で2年間学んだ。そして、父の2度目の留学中、母が実家で出産したのが次男の私だったのである。

ちょっと余談になるが、私が10歳くらいの頃だろうか、自分の出自を思い悩んだことがあった。そろそろ性に目覚める頃であり、私は父が留学して不在の間に生まれたことを知って、たまらなく心配になったのだ。あるとき、思い切って母にこう聞いてみた。

「僕は本当に、お父さんの子なの？」

おどおどした表情で問いかける息子に、母はほほえみながら答えた。

「心配しなくてもいいのよ。お父さんがアメリカへ行くときはもう私のおなかの中におまえが宿っていたのだから」

父が渡米したのは4月、私が生まれたのは10月。紛れもなく両親の子なのだと聞いて、「あー、よかった……」と胸をなでおろしたものである。私は覚えていないが、父が帰国しても、しばらく離れていたので最初に会ったときは誰かわからず「おじさん」と呼んでいたらしい。

父はアメリカという国のことも非常によく知っていたので、太平洋戦争が勃発し、日本軍が「勝った、勝った」と国威発揚している最中も、冷静に戦況を見据えていた。開戦当初からすでに「この戦争で日本は負けるよ」と話していたことが忘れられない。

父と私の関係は単に親子というだけではなかった。大学生の頃、帰省して何となく浮かない顔をしていた私は突然、「重明、おまえは恋愛してるのか?」と聞かれて、びっくりしたものだ。実際、そういう淡い悩みを抱えてもいたので、なお驚いたのである。父の洞察力は何に置いても優れていた。

何より父が描くビジョンはいつも壮大だった。父が最初に留学したデューク大学は100万坪もの広大な森の中に建っていた。父は若き日の貴重な体験から、日本でも大学をつくるとなると広い土地が必要だということをよく心得ていた。

大阪、大分、神戸で23年にわたるメソジスト教派の牧師を務めた後、父はミッションスクールの広島女学院の院長として女子教育に従事した。その間、教授会などの大反対を受けながらも、いずれは女子の大学をつくる構想で近郊にある景色のよい8万坪の小高い山の土地を購入。いざというときのためにと大きな道場も造っていた。戦争末期、広島に原爆が投下されて市内の学校は壊滅したが、その8万坪の土地と大きな道場があったので、広島では戦後最も早く学校を再開し、教官の宿舎を提供することができたのである。

父自身は戦時中に定年退職し、12年間務めた院長を退いた。大学をつくる夢も果たせずに終わったが、それから半世紀を経て、私は広島女学院へ招かれた。すると、父が買い取ったあの山には立派な大学を持つ総合的な学院が建ち、「ヒノハラ記念ホール」と名付けられた5階建ての建物と父の胸像もある。それは生前の父の姿と重なり合い、目頭が熱くなった。

生涯を伝道にささげた父は私にこんな言葉を残してくれた。

〈3つのVがある。1つはビジョンのV。私たちは将来に向かって大きなビジョンを持たなくてはならない。2つ目のVはベンチャーのV。ビジョンがあっても、勇気ある行動をしなければビジョンは達成できない。その勇気ある行動をベンチャーという〉

私たちがよく使うアドベンチャーは冒険という意味だが、ベンチャーというのは非常に強靭《きょうじん》な行動力という意味だ。強い行動力がなければ、ビジョンは遂行できない。今の時点ではこのビジョンは理解されないかもしれないけれど、強力に推進していけば、たとえ自分が死んでからでも、誰かが必ずそのビジョンを受け継ぎ、完成することができるということ。そして、父の言葉はこう続く。

〈第3のVは勝利のビクトリー。ついには勝利がもたらされるのだ〉

父からこの教えを受けたのは、私が10代の頃だから到底、真意まで理解できてはいなかっただろう。だが、それは私が人生の航路へ乗り出すときの心強い〝羅針盤〟となっている。

そして30代の終わり、私はいよいよアメリカへと船出する日を迎えた。

## 念願のアメリカ留学が実現

霧に煙る街のシルエットが次第に大きくなっていく。やがてサンフランシスコ港が眼前に迫り、「ウィルソン号」は金色に輝くゴールデン・ゲート・ブリッジをくぐり抜けた。

キリスト教フランシスコ会の創設者、聖フランシスコの名に由来するこの地は、小高い丘にビクトリア様式の家々が立ち並び、坂道が連なる美しい街である。船のデッキに立ち尽くし、入港の時を待ちわびる私は高鳴る胸の鼓動を抑えようもなかった……。

アメリカへ留学したのは１９５１（昭和26）年。私はすでに39歳で、奨学金の応募は40歳までと年齢制限があったため、ぎりぎりで留学の道が開かれた。我が家では三男が生まれて間もない頃だった。

この年は日本にとっても記念すべき年となった。９月には終戦から6年を経て、サンフランシスコ講和条約が調印された。ＧＨＱに占領されていた日本はようやく独立国家として国際社会に復帰。日米関係も大きく変わろうとしていた。

７月の照りつける日差しの下、私は家族や同僚に見送られ、晴れやかな気持ちで横浜港から出航する客船に乗り込んだ。「エンプレス・オブ・ウィルソン号」という名の外洋船はさすがに立派だが、私が乗る三等客室は船底にある。厨房の匂いが鼻を突き、狭い客室で息も詰まりそうだったが、航行中には思わぬ楽しみができた。一等船室のラウンジにピアノがあったので「弾かせてもらえないだろうか」と船長に頼むと、「どうぞ、いいですよ」という返事。そのときばかりは優雅なラウンジでピアノの音色を楽しんだ。

ハワイで1日だけ停泊し、長い航海を経て、ついに憧れのアメリカへ。だが、サンフランシスコ港へ入港し、入国審査の列に並んでいたとき予期せぬトラブルに見舞われた。私が日本から持参した胸部のレントゲン写真に空洞らしき影があると疑われたのだ。

実は渡航前に一度、痰《たん》の検査で結核菌の疑いがあると言われ、ショックを受けたことがあった。大事をとって留学前に抗生物質を飲んでいたら、もう菌は出なくなっていた。それでも念のため薬を持ち込み、こっそり飲んでいたが、港に着いたところで検疫所の役人に呼び止められたのだ。

私は「これは空洞ではなく、肋膜の癒着による影だ」と説明したが、「結核菌の培養をするから8週間抑留する」と言われる。そこで菌が出たら、これまでの苦労は水の泡である。「私は医者であり、フォローアップは可能である。もう菌は出ないから大丈夫だ」と英語で必死に説明した。3時間くらい折衝しただろうか、ようやく入国を許されたときの喜びはひとしおだった。

サンフランシスコからは汽車で目的地アトランタへ向かった。

アメリカ南部ジョージア州のアトランタは、マーガレット・ミッチェルの『風と共に去りぬ』の舞台として知られている。ビビアン・リーとクラーク・ゲーブル主演の映画は日本でも人気を博し、私もどんな街なのかと思いをはせていた。綿花産業で栄え、戦時中は軍需産業が隆盛したアトランタは、60年代にマーティン・ルーサー・キング牧師らによる公民権運動の中心となった街である。だが、私が留学した50年代初めには過酷な人種差別の歴史をまざまざと肌で感じることになった。

アトランタ駅へ着いてまず戸惑ったのは、切符売場、待合室などすべて白人と黒人で別々だったこと。バスに乗るのも入り口が違い、黒人は後部座席にしか座れない。白人が増えれば、黒人が席を立って譲らなければいけないのだ。私はどちらなのかと不安な思いで車掌に聞くと、「お前は白人でいい」と言われる。「カラード（有色の）」という言葉は黒人だけを意味し、東洋人やインド人は入らない。

私が留学したエモリー大学はメソジスト系の大学で、ことに医学部が有名だった。大学内に病院はなく、関連の教育病院であるグレイディ記念病院は下町にあった。そこを訪れると白人病棟と黒人病棟に分かれており、ナースも別々である。医療の場でも徹底した差別があることに胸が痛んだ。

病院に入って最初に気付いたのは、診療室にある医者のいすが粗末なことだった。患者はベッドに裸になってシーツを掛けて横たわり、医師は立ったまま診察する。時間をかけて問診した後、徹底的に診ていくのだ。

最も驚いたのは、整形外科の教授が自ら病室へ行き、手術する患者を車いすに乗せて手術室へ連れていくのを見たときのこと。臨床講義で患者を学生に診せるときも、スタッフや教授が自分で病室へ迎えに行く。講義が済むと、日本では「もう帰っていいですよ」と言うだけなのに、教授がドアまで案内して「どうもありがとう」と感謝の気持ちを伝える。患者を丁寧に扱う姿勢やマナーも学ばねばならない、と初心に返る思いだった。

そもそもエモリー大学へ留学したのは、アトランタに私の父と親しかったメソジスト教会の監督がおり、渡航前の手紙で「私の家にしばらく住みなさい。お金を使わなくて済むから」と言われたからだ。その人の家にしばらく滞在し、2週間くらいたったところで大学のキャンパス内にある大学院宿舎を月20ドルで借りた。バスルームは共同で、トイレもカーテンを仕切って分かれているだけだった。

1か月60ドルの奨学金で暮らさなければならず、毎日の生活は大変だった。コカ・コーラが5セントという時代、1日2ドルで生活するにはまず食費を切り詰めていた。朝は自分で買ってきたバナナと牛乳とパン。夜もパンにバターをつけて、後は牛乳で済ますことも多かった。昼は大学の友達と食事をすると高くつくから、私はちょっと用事があるからと席を外す。一人で食べるのは安上がりのハンバーガーばかりだが、戦時中の乏しい食事を思えばこれでもぜいたくだったかもしれない。

アメリカは車社会だがお金がなくてバスやタクシーにも乗れず、どこかへ移動するときはいつも路上で手を振って人の車に乗せてもらう。まるでヒッチハイクだが、大学からグレイディ病院へ行くにも、同じ方向へ向かう車に乗せてもらうしかなかった。さらに衣類は、デパートの地下へ行くと、傷物のワイシャツなどを半額以下で売っているのでそれで間に合わせた。身だしなみは清潔でなければいけないので、病院の外に住んでいた私はレジデント（研修医）に頼み、その人の名前を借り無料でクリーニングしてもらう。あの頃は少しでもお金を残して、本を買いたかったのだ。

日曜日には教会から、日本の話をしてほしいと声が掛かることがあった。そうすると5ドルから10ドルほどの謝礼金をもらえ、私には大金である。教会で何を話すかといえば、実は英語の堪能な父が渡航前にタイプを打ってくれた原稿があったので助かり、それも父に感謝するばかりだった。

エモリー大学の医学部では、内科主任のポール・ビーソン教授の下で勉強することになった。ビーソン教授と初めて会ったとき、私は「カーディオロジスト（循環器専門医）」であると自己紹介していた。

ところが、第1日目、ビーソン教授の回診に付いたときに受けたショックは忘れ難いものだった。先生はその場でいきなり、「今日はあなたがレジデントやインターンを指導してほしい」と言われた。「日本には悪性高血圧の患者が多い。ドクター・ヒノハラはカーディオロジストだから、高血圧患者の眼底の診方を教えてあげなさい」と言い、自分の検眼鏡を私に渡されたのだ。

私は臨床の場でそうした経験がなく、「日本では眼科医しか眼底は診ません」と答えると、「日本のカーディオロジストというのはそんなにレパートリーが狭いのかね」と聞かれ、恥じ入る思いだった。そこで「1年間、先生の下で内科学を教えてください」と頭を下げた。先生は検眼鏡を1年間貸してくださり、私はそれから毎晩、10人ほど入院患者がいる大部屋へ行くと、患者さんの了解を得て、瞳孔を通して眼底を診る練習をさせてもらうことにした。

ビーソン教授は感染症を専門にされ、一般内科学の大家である。共著の『セシル内科学』は、医学を志す日本の医学生も終戦後は他のどのテキストより求めて読んだ教科書だった。

先生の下で1年間、内科学を勉強できることになり、私は「先生と一緒に2週間行動させてください。先生が行かれる所へどこでも付いていきますから」と頼んだ。何しろ問診から診察、検査の仕方まで日本と違うから、こちらも必死である。だが先生からは、同行するのは構わないが、「Take it easy」を心掛けるようアドバイスされた。「あまり無理はしない方がいい、もっと気楽に考えなさい」というわけだ。気持ちが先走る私を案じてくださったのだが、それでも「ぜひお願いします！」と答え、どこへでも付いて回った。

あるとき、先生は「今日はチーフ・レジデントのベネットが免疫の講義をする。彼は免疫のことをよく知っているから学生に講義をしてもらうのだ」と言う。自分が出られないから代講させるのかと思ったら、先生は「いや私も後ろで聴いているから、あなたも一緒に聴講しなさい」と言われた。やがてベネットの講義が終わると、学生が質問をする。ベネットの説明の仕方にちょっとでも不服なところがあると、先生は「あれはどういうことかもう少し説明してくれ」と後ろの席から指示するのだ。つまり、アメリカの教授は、弟子を育てるために代理で講義もさせるのだと納得した。

研修医や学生と真摯に向き合う姿勢も、ビーソン教授から学んだことだ。私は最初の回診のとき、前もって用意していたちょっと気取った質問をしてみたことがある。すると、先生はすぐさま「I don't know that」と答えた。「そんなこと、私は知らないよ」という返事に、一瞬、かわされたのかと思ったが、どうやらそうではないらしい。日本の教授なら体面を気にして取り繕うかもしれないが、先生は「私は知らないよ。だけどベネットに聞いてごらん。彼はよく知ってるよ」とみんなの前で率直に言う。そうするとベネットも誇らしげにとうとうと説明するのだ。

ビーソン教授の受け答えを聞いた私は、教育というものをあらためて考えさせられた。教育の場ではとかく正しい解答を教えようとしがちだが、本来はそのための方法論を学生に与えることで、自身で解決する力を育むことが大切なのではないかと気付いた。

## 「I don't know」は学びのチャンス

アメリカ留学中は、カンファレンスや回診で多くのことを学んだ。

エモリー大学では毎朝7時にカンファレンスがあり、ビーソン教授は各病棟のチーフ・レジデントを集めて、夜の間に患者に何が起こり、どう対応したかを報告するレポート・ミーティングをされていた。日本ではこのように教授と研修医が報告し合う場はなかったのである。

病棟の入院患者を回診するやり方も日米ではまるで異なっていた。日本の大学病院では、教授が1週間に1、2度回診するが、教授が患者を診る間、同行する10～20人の医師は病室へ入れない。教授が患者とどういう話をしているかわからず、ただ後ろに付いて歩くだけで3時間くらいの回診が終わるという状況だった。

一方、アメリカでは、医師と数名のレジデントが一緒に回診する。医師というのは、1日目は教授、2日目は助教授、3日目は外部の専門医と、持ち回りで同じ患者を診るので、担当のレジデントもそれぞれの医師がどのように診断するかがわかり、誰が最も診断能力があるかも判断することができる。レジデントは臨床の現場で勉強し、実力をつけていくのだ。

エモリー大学では、昼休みにヌーン・カンファレンスも行われていた。昼食は30分で済ませ、残り30分でみっちりカンファレンスをする。時間のない人はドーナツやコカ・コーラを持ち込むが、彼らはその場で食べることを遠慮するより、遅れないで参加することの方が礼儀と考えている。限られた時間を厳守することを優先するのだ。

私が着任して間もなく、ビーソン教授が私の歓迎会をしようと言ってくれた。「何時から始まるのか？」と聞くと、なんと夜の9時からだという。彼らは当直の日以外は家に帰って家族と食事をするのが当たり前で、ディナーを済ませ、子どもを寝かせてから集まるのである。その夜は2時頃までみんなで飲みながら談笑し、あまりお酒をたしなまない私も少しだけ飲んで、宿舎まで送ってもらった。

そして翌日、前夜は遅かったのだから朝7時のカンファレンスはいつもより遅く始まるのではと思い、私は7時15分に行った。すると、すでに全員来ていて、遅れたのは一人だけだったのだ。アメリカではどんなに夜更かししようが、次の朝どんなに早かろうとも、時間の約束はきっちり守るのだと思い知った。

私は学生時代に英語を学んでいたが、やはりヒアリングは難しく、アトランタでは南部なまりもあるので大変だった。ましてカンファレンスの場では専門用語が飛び交い、内容がよくわからず苦労したものだ。エモリー大学ではＣＰＣ（臨床病理検討会）という症例検討のディスカッションが毎週火曜日の昼に行われていた。そこでは患者を受け持つレジデントが病気の発症状況や病歴を説明し、みんなで議論して診断をつけるのだ。

ある日、ＣＰＣの場でビーソン教授の発言に、みんなが大笑いしたことがあった。私は何のことかわからず、とりあえず一緒に笑っていたら、隣の友人に「ドクター・ヒノハラ、君はどういうことかわかったのか？」と聞かれたのだ。やむなく私も「いや、わからない」と正直に答えたところ、「どうしてわからないのに笑ったのか」と追及され困ってしまった。

日本人は、よくわからなくてもニヤリとごまかし笑いをすることがある。だが、その友人には「アメリカでは知ったフリをしないで、『I don't know』とはっきり言えるようにした方がいい。よくわからないことがあれば、『何のことですか？』

と聞けばいいじゃないか」とアドバイスされたのだ。そのうち慣れてくると、「I think I don't know」と、より慣用的なフレーズも自然に使えるようになった。

人前で「私はわからない」と恥じないで言える勇気を持つことが実は重要なのだ。笑ってごまかしていると、わからないまま、何かを学ぶチャンスもなくすことになる。これは大きなカルチャーショックだったが、それから私はわからないことがあればすぐ、何を言っているのかを隣の医師に聞くことにしたのである。

あの頃は毎日のように、「ああ、今日もまた身長が伸びた！」という気になったものだ。医学的知識をどんどん吸収することで、自分の身の丈が日々伸びているという充実感が満ちてくる。だから、食べる物がないとか、お金がないなどというのは何も苦ではなかった。ビーソン教授の下で過ごした日々、そこで得た医学の糧というものは、まさに体の中で〝パン種〟となっていた。

私は39歳で留学したが、今思えば、あの輝かしい日々はまさに第二の青春時代であった。

## 「アメリカ、アメリカってかなわないよ」

アメリカから帰国して痛感したのは、日本の医学教育を立て直すためには病院をよくしなくてはならないということだった。

聖路加国際病院はまだ連合国軍に接収されており、別の建物でわずか24床のベッドで外来を主とした診療を続けていた。だが、橋本寛敏院長はアメリカの医療に深く関心を持たれ、「君はレジデントを教育する主任になってくれ」と背を押してくださった。

私はまずアメリカ式に朝7時半からカンファレンスを設けた。同僚からは「日本とアメリカは違う。交通の便が悪いから、朝早くなんてとんでもない」と抵抗されたり、「アメリカ、アメリカってかなわないよ」と陰口を言われたりして苦労したが、橋本先生は必ず出席されたので、若い医者たちもやむなく出てくるようになった。

さらに翌年から始めたのが「ベッドサイド・ティーチング」である。これはオスラー博士によって、「医学教育は教室でするのではなく、ベッドサイド（病床）で行うもの」と提唱された指導法だ。

私の回診は、まず患者について担当した研修医とのディスカッションから始まる。研修医が症例を提示した後、私から質問をする。その病気の原因は何か、診察でどういう異常を見いだしたのか、どんな検査をしたのか……。そうした問題について検討した後、私は研修医たちとベッドサイドへ向かう。実際に患者と話したり、診察をして、研修医の診断が正確かどうかをチェックするのだ。

研修医たちは私が診察しているのを見て、患者へのアプローチや病名の告知の仕方を学ぶ。その後、私は彼らが書いたチャートを全部チェックして直し、この記載は間違っている、もう少し科学的に書く方法はないかと注意する。それは「ヒノハラ回診」と呼ばれ、研修医の間でも厳しいことで有名だったらしい。

私は研修医たちにも症例報告の論文を書かせ、学会で発表させた。実践の中で教えようと努め、その結果、聖路加国際病院は卒後教育に熱心だという評価を獲得していった。こうして私は聖路加でアメリカ式の医学教育のモデルを築き、若い医師、特に研修に訪れるインターンの指導に力を入れた。ところが、そのシステムが揺るがされる事態が起きた。

そもそも戦後、日本ではインターン制度が導入され、医学生は卒業後1年以上、実地で研修を受けてからでなければ医師国家試験を受けることができなかった。研修期間は無給で勤務しなければならず、医師免許がないため薬の処方や診療にも制約が多く、医学生らの不満が高じていったのである。

## 京大からの誘いよりも、ここでなすべきことがある

1968(昭和43)年には、東大医学部の学生がこの制度に対して反対運動を起

こし、無期限ストライキに突入。いわゆる東大紛争の始まりである。

その波は全国の大学へ広がり、事態を重く見た当時の厚生省は「大学医学部卒業後における教育研修に関する懇談会」を招集する。インターン制度を廃止することが協議されたのである。

私もその委員の1人だったが、最後までインターン制度廃止には反対し続けた。インターン制度が悪いのではなく、運用に問題があると主張したのだ。給料は出さない、そして見学だけで本当の医療に参加できないことを学生が不服としているなら、もっと医療に参与できるような制度にしたらいい。厚生省もインターンの生活を保障すべきではないか、と提言したが、「とにかくやめてしまおう」という意見が相次ぐ。そこで私はこう言った。

「みなさん、責任を取ってください。日本の医学教育の歴史の中で卒業後の研修システムがなくなるのだということに対して……」

場内はシーンと静まり返る。それでもついにインターン制度を廃止することが決定されたとき、私はこれに代わる研修案を作ることを主張した。インターンの研修を受けたくないという人は受けなくてもいい。しかし、希望者には2年間の研修制度を設け、手当も出すということにしたらどうか、と。

この提案を日本医師会の武見太郎《たけみたろう》会長と虎の門病院院長の沖中重雄《おきなかしげお》先生が支持してくださり、卒業後2年間の研修医制度ができた。これを受けなくても罰則は科さないという法律も制定されたが、私はできるだけ早く義務化するように厚生省に言い続けてきた。ようやく実現したのは２００４（平成16）年。医療の現場を変えるにはやはり長い年月と辛抱を要するのだと痛感したものである。

実はこの大学紛争の後、私は母校である京大医学部から教授として戻って来ないかと誘いを受けていた。医学部の教育改革のため、京大総長となった岡本道雄《おかもとみちお》先生から内科教授に推薦されたのだ。

あの頃、民間病院の内科医長が京大の教授になるとは異例であり、母校に帰るのは名誉なことだが、私は悩み抜いた末に断った。当時、そのいきさつを誰かに話すことはなかった。

それは聖路加でもっと研究や教育に貢献したいという思いがあったからだ。折しも、北海道で内科学会があって橋本院長と参加した帰り、バス停で何げなく「君、私の後を継いでくれるか」と言われ、「私でよかったら」と返事をしていた。京大から誘いを受けていることを院長に相談すれば、「君が思うようにしたらいい」と決して止められないとわかっていたが、聖路加の将来を考え、その発展に全力投球するのがよいのではないかと考えたのだ。

日本の医療を改革するには、東京にいる意味も大きかった。厚生省や大蔵省、文部省に働きかけるためには、京都にいたらチャンスも少ないだろう。ある意味では涙をのむような心持ちだったが、京大からの招聘《しょうへい》を辞退すると、さらなる医療改革を目指したのである。

## 目の前の患者から教えられること

アメリカ留学を経て、私が最も情熱を注いだのは医学教育であった。それはオスラー博士が生涯懸けて取り組み、その土台となるのは「医学はサイエンスに基づいたアートである」という理念だ。「アート」とは、いかに患者にアプローチし、その人間性にタッチするかという技である、と前にも書いたが、私自身も患者と関わる中で学んできたこと。だからこそ、臨床の中に真の教育があると信じ、若い医師たちに実践してきた。

その傍ら、手掛けたのが「人間ドック」である。1954（昭和29）年7月、日本初の人間ドックが国立東京第一病院（現・国立国際医療研究センター）で始まり、続いて9月に聖路加でも開設された。

これは国立東京第一病院の坂口康蔵《さかぐちこうぞう》院長が東大教授時代、たまたまある代議士が政界の暇な時期に入院して検査を受けたことを思い出されての試みだった。その際、このように入院して受ける健康診断は「まるで船が長い航海の後に入るドックのようなもの」という会話を交わし、後に「人間ドック」という名称になったという。いわば病気の早期発見につなげる検査で、当時は症状のない段階で1週間入院し、各科の専門コースの医師からチェックを受けていた。こうした予防的な精密検査はもともとアメリカで始まり、定期的チェック・アップ、または「健康評価」と呼ばれている。聖路加では「短期入院健康診断」といい、私も毎年1回受診される方々の健康管理をするようになった。

聖路加の人間ドックにはさまざまな方が入られ、文楽では人間国宝の2代目野澤《のざわ》喜左衛門《きざえもん》さん、箏曲《そうきょく》山田流の家元の今井久仁子《いまいくにこ》さん、画家の東郷青児《とうごうせいじ》さんらも常連だった。最年長で入られたのは禅学者の鈴木大拙《すずきだいせつ》先生で、初めてお会いしたときのことは鮮明によみがえる。

大拙先生が90歳で人間ドックに入られたのは、1960（昭和35）年。そのときの質問表には、職業は著述業、元学校の先生とあり、睡眠は午後11時から朝5時までと、1、2時間の午睡と記されている。住居は北鎌倉の東慶寺境内の松ヶ岡文庫となっていた。

診断では、動脈硬化性高血圧、白内障、難聴などが発見された。ご自身もそれまで高血圧があることを知らず、私は老人の血圧はかなり動揺するので、2か月に1回くらい、鎌倉から上京して受診されることをすすめた。その際には大事をとって前日から日比谷のホテルに1泊され、翌朝、聖路加の外来に来られるのが常だった。

先生の奥さまはがんのため聖路加で亡くなられ、その後は独身を通されたが、ニューヨーク育ちの若い二世の女性が秘書を務めていた。秘書の岡村美穂子《おかむらみほこ》さんは、まだ少女の頃にニューヨークで先生に出会って感銘を受け、20歳で現地の大学を中退すると、日本へ帰られる先生について来日したのだった。晩年の先生は血圧が180から240までにも上昇することがよくあり、降圧剤を服用してもらっていたが、岡村さんには水銀血圧計で朝夕の血圧を測って報告してもらう。今では家庭用の血圧計はポピュラーだが、当時、血圧を測るのは医師や看護師の役割と思い込まれていた。しかし健康を維持するには、血圧は毎日家庭で測れた方がいい。岡村さんはその先駆けとなってくれたのだ。

さらに先生が著述に専念し、長時間座りきりになると足腰が弱くなるので、毎日、散歩するようすすめた。すると、先生は境内の石畳の道でコースを決めて往復され、運動した距離を確かめるため、一往復ごとに小石を拾い上げて石畳の上に一列に並べていたそうだ。

そして、3か月余りで96歳の誕生日を迎えようとしていた矢先、鎌倉から私の診察室に急病との電話があった。先生は前夜遅くまで軽井沢へ避暑に出掛けるための準備をされていたところ、翌朝早く激しい腹痛で目覚め、嘔吐が始まった。近くの医師に処置を受けたが治まらず、痛みは増す一方だと秘書から知らされた。

私は午前中の外来診察が終わってから駆けつけるのではタイミングを逸すると

思い、内科の医師に鎌倉まですぐ往診してほしいと頼んだ。1時間余り後に連絡を受け、腸閉塞の心配があるとのこと。近くの病院では受け入れられず、やむなく救急車で東京へ急行してもらった。

聖路加へ到着したとき、先生の意識はまだ明瞭だったが、極めて重篤な状態とわかる。「どんなふうに痛いのですか」と尋ねると、「どうということはないが、痛いのはかなわんです」と答える。診察すると、腸閉塞症状が見られ、老人に時折ある腸間膜動脈血栓症も疑われたので、さっそく腹部レントゲン写真を撮ったが、いずれとも判別が難しい。血圧も下がり始め、開腹手術をすることは非常に危険と考えられた。

私は「病気はずいぶん重いのです」と率直に伝え、「最善を尽くしますよ」と言うと、先生はうなずいて、感謝の気持ちを示されようとする。痛みを訴えることも控えめで、私が「苦しいでしょうね」と聞くと、黙ってうなずかれるのだった。

その夜、先生の容体はますます悪化し、輸血や昇圧剤の静脈注射が繰り返され、酸素テントが用意された。秘書とごく数人以外は面会を断り、さまざまな応急処置が続く。翌朝の午前3時、私は「部屋の外で待っておられる方々にお会いなさいますか」と尋ねたところ、「誰にも会わなくてもよい。一人でよい」と答えて、目を閉じられた。

大拙先生の〝生〟の終焉は静謐《せいひつ》そのものであった。傍らに付き添っていた秘書の岡村さんは、その最期を後にこう語っていた。

「先生がそこに動かずに横たわっていられたことが、生きていることの続きのように思えて、生きている先生と死なれた先生の間に、さほど大きな変化の起こったような気がしなかったのです……」

あと4年で100歳というよき日を、多くの先生の弟子たちが強く望み、ご自身もそこまで生きて著述を続けたいと願い、「絶えず前進」と自ら鼓舞しておられた先生。かつて90歳を超えたとき、岡村さんに言われたという言葉は私自身の心にも深く刻まれた。

「90歳にならんとわからんこともあるんだぞ、長生きをするものだぞ」

私は医師として先生を診るばかりでなく、むしろ先生から生き方というものを教えられた。医師と患者は双方向に関わり合い、目の前の患者から学ばせてもらうことは多い。オスラーは「私は、私が出会ってきたすべてのものの一部である」と実感を込めて述べている。私も年を重ねるほどに、その言葉をかみしめている。

## 母の死、父の最期

私が主治医として最期をみとった患者は数多くいるが、母の臨終にも立ち合った。母から教えられたことも多く、その生涯をここでたどってみたいと思う。

母の満子も父と同じく山口の生まれである。父親は旧山口藩士で茶道や生け花もたしなみ、娘にも修養させた。しかし、家運が傾くと大変な苦労を強いられたようだ。母は「あの少女時代に、私は女のなすべきすべての家事を覚えさせられました。ものの煮炊きから、お漬物、お洗濯、張りもの、お裁縫、子守、お客の接待までも。友達と遊ぶ若き日の楽しみだけは知ることさえできなかったけど」と語っていたように、家事万端に長《た》けていた。

その頃から教会に親しみ、20歳のときに受洗してクリスチャンになった。だが、家族の反対に遭って、2年間は礼拝に出ることを禁じられていたという。その後、山口の教会で出会った父と結婚。牧師となった父と教会の信者のため献身的に尽くすことになる。新任先では「牧師夫人」としてとかく批評の的にもされたが、母は気に留めない。人のことには立ち入らず、うわさ話をしないたしなみもあった。

父と母は日曜日の礼拝で行う説教をとても大切に考えていた。父は土曜日までに原稿を書き上げ、さらに何度も推敲《すいこう》するため徹夜することも珍しくなかった。それを知っていた母は、日曜日の朝の食卓には父にだけ当時は貴重であった生卵を付けていた。父が説教している間は礼拝堂の後ろに立って聴いており、長過ぎると信者さんも疲れるからと、時計を見ては「もう時間です」と合図を送るのも母の役目であった。

鋭い洞察力を持ち、交わる人を見抜く力にも秀でていた母は、家を訪れる親しい人たちからよく「千里眼みたいだ」と言われた。「だから、おかあちゃんには何も隠せない」と兄弟でひそかに語り合ったものだ。

父によれば、母には大胆に思い切ったことを成すすごみもあったそうだ。私も何度か、断食して一心に祈り続ける母の姿が目に焼き付いている。教会の一室にこもり、2、3日間は水以外何も口にせず、父が止めてもそれを聞こうとしない母の姿を窓の外からのぞいては、「あんなことをしていては倒れてしまう」と心配でたまらなかった。母はもともと病弱な人で、私が10歳のときに尿毒症で瀕死に陥ったことは前にも書いたが、あの頃から心の中ではずっと母の死を恐れていたような気がする。

それでいて男の子というのは成長するとあまり母親と話をしなくなるものだ。私も中学卒業後に親元を離れたので、なおのこと言葉を交わすことは減ったが、休暇で帰省すると母はやはりうれしそうだった。

当時の家庭は五右衛門風呂で、私が風呂に入ると母は釜口でまきをくべ火をたいてくれる。風呂場から「いや、いいお燗だ」「ちょっと熱過ぎるよ」などと言うのを、母は楽しそうに聞いていた。三高の入学試験のときは神戸の元町へ出掛け、うなぎ屋へ入ると「どんぶりでいいや」と言う私に、苦しい家計から特上のうな重を奮発してくれたことも懐かしく思い出す。

私は医者になり、京大の真下内科に入局するとすぐ、ドイツ製の血圧計を買った。最初にこの血圧計を使った患者が母である。母の尿を検査するとたんぱく尿が出ており、血圧も200前後あったことから、すでに慢性腎炎になっていると考えた。

戦争が始まった翌年、父は広島女学院の院長を定年退職し、私が住む東京の世田谷へ移って、再び牧師として働くことになった。母も病身にかかわらず牧師夫人としての務めに戻ったので、私は降圧剤を処方していたが血圧はいっこうに下がらない。それだけにアメリカ留学中は、母が脳卒中か尿毒症で倒れはしまいかと気掛かりだった。

実は渡米して4か月たった頃、妻からの手紙で当時68歳になっていた母が心臓発作を起こし、聖路加へ入院したことを知らされた。幸い1か月足らずで退院したそうだが、私は母の無事をひたすら祈り続けたのである。

1年間の留学を終えて帰国すると、母は弱々しい体で無理を押して、家の外で出迎えてくれた。翌日、私は近くに住む母を往診したが、血圧は220まで上がっていた。アメリカで習い覚えた検眼鏡で初めて母の瞳孔をのぞくと、母の両目の眼底にはかなりの出血と浮腫があり、悪性高血圧症が進行していることを発見した。おそらく2、3か月の余命であろうとわかり、がくぜんとしたのである。

父はその頃の母の様子をこう書き残している。

〈信仰と祈りと意志で戦いつつ、愛と誠の一生を打ちたて満子は、遂に、肉の体みを与えねばならなくなった。二年前の十一月に狭心症で九品仏《くほんぶつ》の商店街で倒れて以来、肉体的には満子も元の彼女ではなかった。半日起きては半日やすみ、一日臥しては一日働く。かくして一週間に二日、十日に三日と、次第に起き得る楽しみの日が、けずられた。「重明が帰るまでがやっとであろう。次のクリスマスまでは？」と、早くから予感していたようであった。

永眠の一カ月ばかり前、私に紙と鉛筆をという。それは葬式の説教者、供花の質素、愛歌の選定などの話の後、私のまだ知らない彼女の信仰の経歴、体験等を記すためであった。遺言らしい遺言はないと言い、ただ私に、ますます祈りの人となることと、自分の死後、老年とはいえ、伝道力が衰えぬようにと言うくらいのことであった。その際、涙の代わりにユーモア味のある若干の微笑をみせた。私も気楽にきいた。しかも私たちは、彼女の大いなる信仰と強き意志とを思い浮かべ、すべてを希望的に考えていた。

幸いに、次男の「御医者さん」は帰朝した。それは九月の十六日。母としての彼女はとどめられるのを振り切り歩いて、彼の家に往った。彼自身の宅で彼を迎えたいという思慮深い彼女の思いやりであった。

玄関での、両者の静かな微笑と握手の対面は、この上もない印象的なものだった。皆は安心した〉

2か月後、日曜日の礼拝が終わる直前に、母は突然、脳出血を起こした。私が駆けつけたときはひどい苦しみようで、程なく意識も途絶えた。それから8時間余り、最期まであらゆる手を尽くしたが、母は眠るように逝く。69歳の生涯に幕を閉じた。

今も脳裏に浮かぶ母はもの静かで控えめな人。手料理のおいしさも忘れられないが、その生き方から学んだのは、中庸や忍耐、誠実であることの潔さであったように思う。

かたや父は極めて壮健で闊達であった。75歳で母に先立たれた父は、それから2年後に婦人伝道師のゆりと再婚。農村での開拓伝道を志し、親しい友人である賀川《かがわ》豊彦《とよひこ》さんの世話で栃木県真岡《もおか》市の光ケ岡教会へ移った。

さらに80歳にして、父はゆり夫人を伴ってアメリカへ旅立った。その目的は、アメリカの諸教会を訪問し、真岡での教会堂新建築の募金計画を展開すること。母校デューク大学の卒業式と同窓会に出席し、バージニア州リッチモンドのアズベリー長老派神学校で客員教授として講義をすることも決まっていた。

1957(昭和32)年3月に横浜港から出航し、サンフランシスコへ上陸。シカゴに40日間滞在した後、各地で予定をこなし、9月からアズベリー神学校で客員教授を務めた。講義のない週末はバージニア州やノースカロライナ州を巡り、各市で教会の礼拝の講壇を受け持ち、婦人会や修養会の講師をするなど、極めて多忙な旅を続ける。父は東京で待つ家族にもこまごまと便りをよこし、私もさほど心配はしていなかった。

しかし、翌年6月、思いがけずアメリカから国際電話を受けた。父が亡くなったという報せで、私はただほうぜんと立ち尽くした。

その4日前、父はリッチモンド市で開かれたメソジスト教会の年会に出席して、アメリカを去るに当たってのあいさつをしていた。次いでアズベリー神学校の同窓会でスピーチをした後、高熱を発して倒れ、直ちにリッチモンド記念病院へ搬送される。病状はどんどん悪化し、入院4日目の早朝に死亡したという。

電話は主治医からで、父の発病があまりにも急激で中毒症状もあったので、平生から何か服薬していなかったかと聞かれた。薬は何一つ取らない人だが、熱が出たときアスピリンくらいは飲んだかもしれないと答えると、診断確認のための病理解剖をしたいので許可が欲しいと言われ、私は即座に承諾した。

3か月後、ゆり夫人が帰国して最期の様子を知らされた。父は高熱で体力も急に衰えたので、事の重篤さを感じたようである。亡くなる前日、夜遅くまで看病するゆり夫人に父の最期が近いことが告げられた。夫人はすべてを神に委ねる決意をし、病床を離れる前に聖書の詩篇23篇の句を父の枕元で祈るごとく読んだ。

〈たといわれ死のかげの谷をあゆむとも
わざわいをおそれじ。
なんじわれと共にいませばなり
なんじの笞《むち》、なんじの杖、われをなぐさむ……〉

病床の父は静かに目を閉じ、そのダビデの歌を聴いていたという。深夜には夜勤のナースがたびたび訪れ、酸素吸入器を調整する。うとうととまどろむ父はふっと目を開け、「あなたは最後までよくやってくださった。ありがとう、ありがとう」とかすかな声で繰り返す。午前2時、容体が急変し、翌朝、ゆり夫人が駆けつけたときには息絶えていた。その顔は安らかであったという。

父はついに医者である息子の患者になることもなく、81歳までまったく健やかに生き抜いたといえよう。しかし、その死因が原爆の後遺症による劇症肝炎とわかったときは、やはり複雑な思いがあった。父は終戦の3年前に定年で広島女学院の院長を辞め、東京へ転居していたが、アメリカ軍が広島に原爆を投下したことを聞くや、すぐ慰問に向かっていた。1週間ほど滞在したため、放射線被害を受けていたようだ。

父は信仰の人、努力の人、実践の人であった。「骨になるまで伝道したい」と願い、最期まで日米の懸け橋ともなった父を顧みると、なおのこと平和への思いが募る。

父が亡くなったのは、私が40代半ばの頃。私もまた医療の現場で日米の懸け橋となるべく、奔走していた時期である。その年、アメリカで学んだ「心身医学」を実践すべく、精神科や内科の医師らと日本心身医学学会を創設。さらに内科に専門医制度を導入しようと働きかけ、1970（昭和45）年に福岡で開かれる内科学会で、会としての提言を決定する運びとなった。

ところが、運命とはやはり数奇なものである。まさに福岡での学会へ向かう途中、あの「よど号」事件に遭遇したのである。

## 日野原重明

※年齢はいずれもその年1月時点

# 36歳〜57歳

1951〔昭和26〕年　39歳
聖路加国際病院内科医長
9月からアメリカ・ジョージア州アトランタ市のエモリー大学内科（ポール・ビーソン教授）に1年間留学

1952〔昭和27〕年　40歳
9月帰国。ふたたび聖路加国際病院内科医として勤務
12月、母・満子死去

## その頃の世界と日本の情勢

1947〔昭和22〕年　日本国憲法施行
1950〔昭和25〕年　朝鮮戦争（〜1953年）
1951〔昭和26〕年　サンフランシスコ講和条約締結
日米安全保障条約締結

1953〔昭和28〕年
41歳
聖路加国際病院院長補佐（医学教育および研究担当）となる（～1971年）

1954〔昭和29〕年
42歳
日本初の人間ドックが国立東京第一病院（現・国立国際医療研究センター）（7月）、聖路加国際病院（9月）に開設される

1956〔昭和31〕年
44歳
5月、聖路加国際病院の接収が解除される

1958〔昭和33〕年
46歳
6月、アメリカ滞在中の父・善輔が客死

---

1953〔昭和28〕年
テレビ放送開始

1956〔昭和31〕年
日ソ共同宣言
国際連合に加盟

1960〔昭和35〕年
米安全保障条約改定（新安保条約調印）
この頃から高度経済成長始まる

1964〔昭和39〕年　52歳
聖路加看護大学（現・聖路加国際大学。以下同）が日本初の私立4年制看護大学となり、教授に

1965〔昭和40〕年　53歳
厚生省（現・厚生労働省）の大学医学部卒後研修懇談会委員に任命される

---

ベトナム戦争
（〜1975年）

1964〔昭和39〕年　東京オリンピック開催
東海道新幹線開通

1966〔昭和41〕年　黒い霧事件
文化大革命
（〜1977年）

1968〔昭和43〕年　全共闘運動
（〜1969年）

1969〔昭和44〕年　アポロ11号、月面着陸

# 第5章 「与えられた命」を生かすため

1970年、「よど号」ハイジャックから生還。
出迎えた妻・静子と手を握り合う

## 「よど号」ハイジャック事件に遭遇

すでに100歳を超えた今、自分の生き方を大きく変えたと思えるのは50代の終わり、あの事件に遭ったことにほかならないだろう。

1970(昭和45)年3月31日午前7時すぎ、私は羽田発の日航機「よど号」に乗った。福岡で開催される日本内科学会総会の役員として前日から入るため、東京大学医学部教授の吉利和《よしとしやわら》先生、虎の門病院院長の冲中重雄先生など関係者が朝一番の便で東京をたったのである。

天気は快晴でかなたに富士山がくっきり浮かぶ。ちょうどその上空に差し掛かったとき、ベルト着用サインが消えた。

その瞬間、前方がざわめき、3、4人の男が日本刀を抜いて立ちはだかる姿が目に入る。彼らは「共産主義者同盟赤軍派」と名乗った。

「我々はこの飛行機を乗っ取って、今から北朝鮮へ飛ぶ。決して席から動くな」

リーダーらしき男がマイクで威嚇《いかく》するように叫ぶ。彼らは世界革命運動に参与するため、北朝鮮を第一拠点とする。それゆえこの飛行機をハイジャックして日本を脱出すると言う。

「静かにしないと全員の命は保証しない。爆弾を持っているからみんなと生死を共にする」

全員、両手を上げさせられ、緊張はいっそう高まる。後方にも日本刀を持つ男たちが立っていた。きちんとひげをそり、闘士のようには見えない風貌が逆に鬼気迫るものを感じさせた。私のかばんの中には原稿用紙が１００枚ほど入っており、万一、爆破でもされても胸元に何か入れておけばプロテクターになるのではないかと思い、分厚い原稿用紙の束をワイシャツの中に隠し入れる。気休めにはすぎないが、胸元でしっかりと抱いていた。

「乗客の方は落ち着いて指示をお待ちください。この飛行機は朝鮮民主主義人民共和国に向かいます」

機内にアナウンスが流れ、緊迫した声で機長が告げる。乗務員と122人の乗客はひもで手首をくくられた。

しばらくしてまた機長のアナウンスがあり、「北朝鮮までの燃料を積んでいないので、福岡に着陸して給油後に北朝鮮へ出発します」と報告があった。1時間もたつと、トイレへ立とうとする人も出てきたが、赤軍派のリーダーは「生理的現象はできるだけ辛抱せよ」と非情なことを言う。さすがに悲痛な声が上がり、ようやく年配者からトイレの使用を許されるが、それも監視下だった。

私はふと自分の脈を測ってみた。すると平常は70ほどの脈が80以上に上がっている。自分では平静を保っていたつもりが、思いのほか緊張していたようだ。

午前9時、福岡空港に着陸。燃料を給油する間に赤軍派リーダーは警察と無線で交渉し、やりとりは機内放送を通じて聞こえてくる。

「乗客をすべて降ろせば、平壌《ピョンヤン》への高飛びを許す」

当局がそう譲歩しても、リーダーは断固として応じない。

「早く全面的に要求をのまないと自爆する」

交渉が行き詰まるほどに恐怖が募る。私たち乗客には、たとえ北朝鮮まで連れて行かれても命は助かるだろうから、早くよど号を飛ばしてほしい、という気持ちもあった。警察が拒めば、彼らは飛行機を爆破するかもしれないからだ。

「老人と子どもだけは降ろす。飛行機を空港ビルから離れた所へ動かせ」

やがて65歳以上の老人と婦人、子どもたち、23人が解放されることになる。そこで沖中先生も飛行機を降りられた。

午後2時、「よど号」は福岡空港を離陸し、いよいよ北朝鮮へ向かう。乗客もまた覚悟を決めたようだった。

対馬海峡を越えると、機内に張り詰めていた空気が緩み始めた。手首のひもが外され、客室乗務員から食事が配られる。笑顔でサービスする姿を見て緊張も和らぎ、朝から水さえも飲めずにいた乗客はやっと空腹を覚えた。

機内には「グリーン・スリープス」のもの悲しい曲が流れる。しばらくぼんやり過ごしていると、赤軍派のメンバーが前方に現れた。

「みなさんにはご迷惑をお掛けしたが、北朝鮮までまだ時間がかかる。読み物があるから希望者には貸しましょう」

彼らは持ち込んだ本や雑誌の題名を読み上げる。赤軍派の機関誌、レーニン全集、金日成《キムイルソン》や毛沢東《もうたくとう》の伝記、マルクスとエンゲルスの『共産党宣言』、親鸞《しんらん》の『歎異抄《たんにしょう》』、『万葉集』『伊東静雄《いとうしずお》詩集』などがあり、最後にはドストエフスキーの『白痴』『カラマーゾフの兄弟』もあった。

だが、希望する人はなく、私は『カラマーゾフの兄弟』があると聞いて、一人、手を挙げた。学生時代に病床で読んだことがあったが、もう記憶も薄らいでいる。彼らは文庫本5冊を膝《ひざ》に置いてくれ、私はこれだけあれば、北朝鮮で1か月抑留されてもたっぷり読めるだろうと考えた。

さっそく1冊目を開くと、「ヨハネによる福音書」から引用されたイエスの言葉が目に留まる。

〈一粒の麦が地に落ちて死ななければ、それはただ一粒のままである。しかし、もし死んだなら、豊かに実を結ぶようになる〉

まさに窮地にあっても、「ひと粒の麦」であれと励まされる思いで心静かに読み始めた。

やがて北朝鮮の山が見えるとアナウンスがあり、席を立って窓からのぞくと、真下に雪を抱く山並みが続く。ところが飛行機は急に左へ旋回した。平壌へ行くなら真っすぐ飛ぶはずなのにと不思議に思っていると、眼下に大きな河が見えた。

「飛行機は降下し、いよいよ空港が近づくと、隣の男性が「格納庫にアメリカのグラマン機が見える」と言う。着陸直前、遠くに立派なコントロールタワーと赤いテールの飛行機が見える。アメリカのノースウェスト機とわかり、私もまた韓国の金浦《キンポ》空港に降りたことを確信した。

機長は「平壌のアプローチコントロールに従って着陸した」と報告し、機体は滑走路をオーバーランして空港の端に止まった。赤軍派のリーダーがドアを開けると、タラップの下に「赤軍派歓迎！」というプラカードを掲げる人がいる。北朝鮮の軍服を着た兵士が並び、女性たちが花束を持って出迎えていた。

赤軍派のリーダーは「みなさん、ご迷惑を掛けました」とあいさつしたが、後部にいた一番若いメンバーが「降りるな、ここは韓国だ。シェルのスタンドが見える。フォードが走っている」と叫び、彼らはようやくだまされたことに気付いた。

リーダーは刀を抜くとコックピットに駆け込もうとするが、一番前にいた乗客の男性に抑え込まれた。気勢をそがれた彼は乗客に向かい、「ひと月でもふた月でも籠城するからがんばってください」と呼び掛ける。そこからまた韓国当局との交渉が延々と続いた。

着陸後の１日半は水も食事もなく、日本の大使館が弁当を差し入れすると言っても、彼らは窓を開けようとしない。たまりかねた乗客の1人が「俺たちを殺す気か！」と大声で一喝し、やっと弁当が支給された。

夜間は機内の換気も止まり、40度近い異常な暑さとなる。乗客は脱水状態になっていた。拘留されて3日目には心臓が苦しいと訴える人も出てきた。

赤軍派のリーダーに「この中に医者はいるか？」と聞かれ、私と吉利先生が手を挙げた。私たちは両手の縄をほどかれ、乗客全員を診察するよう指示される。100人以上いる乗客を手分けして問診し、この人にはニトログリセリン、この人は何が必要などとメモし、地上で待機する連絡員に渡してもらった。

診察が済んで席へ戻ると、かばんから紙を取り出して、第1日目からの状況を走り書きする。彼らがそばを通るときは素知らぬ顔で隠し、夜も眠れぬまま、暗がりでペンを走らせた。

ハイジャックされて3日目を迎えたとき、ついに乗客全員が解放されると知らされた。日本から救援に駆けつけた山村新治郎《やまむらしんじろう》運輸政務次官が翌日よど号に乗り込み、乗客を降ろして身代わりになり、赤軍派と共に平壌まで行くという交渉がまとまったのだ。その晩、赤軍派のリーダーは「田宮高麿《たみやたかまろ》」と名乗り、9人のメンバーが自己紹介した。

「明日、みなさんは降りられます。私たちは北朝鮮へ行くが、なぜこういうことをやったのかを聞いてほしい」

彼らは、赤軍とは何か、なぜ日本に革命が必要なのかと、1人ずつ語りだした。その後、何か質問はないかと聞くので、乗客の1人が「『ハイジャック』とはどういう意味ですか？」と質問した。すると、赤軍派の誰も答えられなかった。

私は手を挙げると、マイクを渡され、「ハイジャックをする人なら、言葉の意味くらいは知っていてほしいですね」とひと言。やっと緊張もとけた機内で、わっと歓声が上がる。私は英語のスペルを教え、「ハイジャックとは追いはぎのようなもの。飛行機であれば機体を乗っ取り、地上であれば人や車を止めて追いはぎを働くことです」と説明した。そこで赤軍派のメンバーに「もっと勉強してほしいですね」

と釘を刺すと、乗客もみんな、大笑いしたのである。

実は拘留されている間、私はメンバーの1人に「どうしてこの『よど号』をハイジャックしたのか」と聞いてみた。すると彼は「3日前の飛行機を乗っ取ろうと思ったが、そのときは9人のメンバーのうちの2、3人が遅刻したため、乗っ取りの計画を延ばした。先生たちは運が悪かったのだ」と言う。ならば乗客すべて運が悪かったことになるが、生死を共にしたことで不思議な一体感も生まれていた。

最後の晩、赤軍派のリーダーは別れの詩吟を朗々と歌い、それを受けて乗客の1人が「北帰行」を歌うと拍手が湧いた。さらに赤軍が革命歌「インターナショナル」を歌い、一緒に歌いだす乗客もいた。

4月3日、いよいよ解放の当日を迎え、タラップを降りて土を踏みしめたときの気持ちは忘れられない。

その瞬間、人類初の月面着陸を成功させたアポロ11号の乗員が地球へ帰還したときの光景を想像した。私も無事に生還できたことで「地球に帰った」という感慨があったのである。

夕刻、「よど号」は平壌に向けて飛び立ち、救援の飛行機に乗った私たちは福岡空港を経て深夜、羽田空港に到着した。家族や友人に迎えられ、自宅へ帰ったのは午前2時。客間には見舞いの花がいっぱいに香っていた。私は機内で走り書きしたメモを取り出し、翌朝までに手記を書き上げる。それが夕刊に掲載されたのだった。

その晩、橋本院長に電話で報告すると、1週間休むようにとすすめられ、熱海のホテルへ一人で出掛けた。数日ぶりにぐっすり眠り、翌朝目覚めると、窓の外に太平洋が広がっている。晴れ渡る空と青い海の美しさに目を見張り、地球はこんなにきれいなのかと心洗われる思いであった。

私はこれまで無事を祈り、生還を祝ってくれた方々に、妻と2人であいさつ状を書いた。

〈このたび私は日航機「よど号」内に長い時間監禁されるという全く意外な経験をいたしました。幸いにも再び生を許されて帰還いたしましたが、……生の不安が心を震わすことが幾たびかありました。そのたびに、これは神の私への試練かと強く自らに問いかけました。……私たちがこの日本に帰れましたことはただただ感謝でございます。……許された第二の人生が多少なりとも自分以外のことのために捧げられればと希《ねが》ってやみません〉

そして、妻の静子はこう続けた。

〈いつの日か、いずくの場所かで、どなたかにこの受けました大きなお恵みの一部でもお返しできればと願っております〉

## ライフ・プランニング・センター設立

「よど号」事件に遭遇したのは58歳のとき。それを機に私の中では、「これからは与えられた寿命なのだ」という思いがいっそう強くなった。

新たな人生をどう生きるかと考えたとき、誰かに恩を受けてその人に恩返しをするのは当たり前だが、むしろ関わりなき人にも私が受けた恵みを返すべきではないかと気付く。自分のためだけに何かなすのではなく、あまねく人々のために尽くせることがあるだろうと。そこから、第二の人生が始まった。

私が「ライフ・プランニング・センター」という財団法人を設立したのは1973（昭和48）年、61歳のときだった。

当時はまだ「ライフ（生涯）」を「プランニング（計画する）」という発想などなく、厚生省に申請を出しても「ライフ」という言葉は医学の中にはないからと、なかなか受けつけてもらえなかった。しかし、私が目指したのは、単にヘルス（健康）を扱うだけでなく、広くライフ（生涯）にわたる問題を視野に入れて健康管理をすること。それだけに「ライフ」という言葉を使いたかった。

発想のきっかけは、聖路加で「人間ドック」を手掛ける中にあった。病の早期発見を目的に始めたものだが、人間ドックで異常が発見されてから治療に取り組むのではどうしても限界がある。異常が発見される以前、つまり、日頃からよい生活習慣を実行することで病気にならないよう努める。それには健康教育が必要だと思い至った。国民のすべてに、「予防」という発想と「自分の健康は自分で守る」ことの大切さを提唱するため、病院ではない機関をつくりたいと考えたのだ。

もともとその前身として、私は日本キリスト者医科連盟の有志と「日本キリスト教海外医療協力会」という社団法人の設立にも携わっていた。ネパールなど東南アジアでの医療協力活動を支える仕事を手掛け、東京・平河町の砂防会館に国内事業部を開設。健康管理の事業を主体にしていたが、後にその社団法人から独立して「ライフ・プランニング・センター」としてスタートしたのである。

ライフ・プランニング・センターではまず、欧米から一流の医学・看護の専門家を招き、国際セミナーを開催した。センター設立の目的の一つは、日本の医学・医療の革新である。そのため欧米の実情を知り、学ぶべきものを吸収できる機会を提供してきた。

このセミナーでいち早く取り上げたテーマが「プライマリ・ケア」だった。プライマリ・ケアとは、病気の診断だけではなく患者の心身もトータルにケアすること、すなわち「全人医療」である。思えば、私自身も幼い頃から家族でお世話になっていた家庭医がおり、その姿を見て医師を志した。日々の健康管理にはそうした家庭医が欠かせず、日本でも総合的に診療できる医師の育成を目指した。

一方、医師だけでなく、看護師、臨床検査技師、栄養士、ソーシャルワーカーなどがチームをつくって働けるよう、さまざまなテーマで学習会を開催する。当時、アメリカで注目されていたＰＯＳ（患者中心の診療記録の書き方）のシステムも、日本で先駆けて紹介した。

さらに診察を受ける側の意識を高めるため、患者やその家族の教育にも力を入れた。家族の健康を気遣う家庭婦人を対象に始めたのが、「ホームケアアソシエイト養成講座（家庭看護講座）」である。食生活の基本から栄養のバランス、家庭看護の知識・技術、健康で長生きするための習慣作りや健康管理の方法を教えた。

ことにユニークな活動と自負しているのは、技術ボランティアの養成である。例えば、聴診器を用いて自分の血圧を測れるようになった人によりレベルの高い指導をし、「血圧測定師範」の免許を与える。当初は厚生省などから素人が血圧を測るのは医療法違反と指摘されたが、あくまで無償のボランティアとして、家族や知人の血圧を測ることは日々の健康管理につながると考えたのだ。

ダイエットボランティアは栄養士のボランティアで、センターに設置されたキッチンに家庭婦人を集め、1日1600キロカロリーになるように献立を作りそれを調理する。他には運動療法を指導できるエクササイズボランティアもある。こうしたボランティアは地域でも活躍し、各地の病院や施設へ行ったり、お寺や教会の活動を手伝ったりした。

もともと新しいことを考えるのが好きで、ライフ・プランニング・センターでも次々に取り入れてきた。心筋梗塞患者の運動療法をスタートさせたのも、日本では最初の取り組みだっただろう。

アメリカ留学後も海外の医療現場を視察し、70年代半ばにはアメリカの心臓リハビリテーションセンターを見学した。西欧諸国ではチーズやバターを好み、肉食中心の食生活によって心臓病を抱える人も多かった。

戦後、欧米先進国を手本としてやみくもに進んできた日本でも食生活の変化は著しく、いずれは心疾患も増えるだろう。そう予見した私は心臓リハビリテーションに着目したのだ。さっそく運動教育室を作ると、トレッドミルなどの運動器具や心電図モニター・除細動器なども備え、運動療法を開始したのである。

私にとってライフ・プランニング・センターは、いわば〝実験〟の場である。大規模な病院で試みるにはリスクが大き過ぎたり、賛同を得るには時間がかかるようなことでも、将来の医療を予測した革新的な試みとして、まずここで実践してみる。その成果を見た上で、全国へ広げていく方途を模索してきたのだ。そして、それが各地で実施されるようになれば、ライフ・プランニング・センターはその使命を達したことになる、という考えである。

## 60代からの新たな挑戦と、生活習慣病

意外に思われる方も多いだろうが、私は65歳のとき、定年を理由に聖路加国際病院を辞めていた。もちろん仕事を辞めたわけではなく、むしろ医師として新たな挑戦をしたいという意気に燃えていたのだ。

かねてより私は病気を治すことだけが仕事ではなく、「病気を予防し、健康を守る」ことこそ医師の使命と考えていた。それは病院では収まり切らない事業だけに、在任中から「ライフ・プランニング・センター」を立ち上げ、病院の一医師ではできないことに次々と挑んできた。

本章の初めで書いたように、私にとって「よど号」事件が大きな転機となり、次なる生き方を模索することになった。

それから程なく、橋本寛敏院長の体調が思わしくなくなった。橋本先生は病院の

存続も危ぶまれた戦時中から、30年にわたって指揮を執ってこられた功労者である。戦後、医学教育の改革に燃える私の背を押し、晩年には「日野原君、後をやってくれるか」と請われていた。いよいよ職務も難しくなったところで、私が院長代行に任命される。そして3年ほど代行したところで、橋本先生が逝去された。

聖路加の理事会からは、私が院長と聖路加看護大学の学長を兼任するよう推された。私はライフ・プランニング・センターの理事長も務めていたので、そちらは人に任せ、聖路加の仕事に専念してほしいというのだ。しかし、ライフ・プランニング・センターの活動はこれから花開くという時期で、個人のボランティア活動に制限が加えられることに納得できず、院長就任を辞退した。ならば、せめて学長だけでもと言われ、病院には顧問という形で残ることになったのである。

当時、私は63歳。65歳になったら定年制を設けて自分も退職しようと決めていた。1977（昭和52）年に聖路加国際病院を定年で退職。その決断にいささかも迷いはなかった。病院では臨床医学教育顧問として週1回外来診療をしながら、研修医や上級内科レジデントの指導を続ける。看護大学の学長職は継続し、看護師の教育にもますます情熱を注いだ。

日本では医者の社会的地位の高さに比べると、看護師は正当な評価を得てこなかったという長い歴史がある。そうした中で元からアメリカ医学を重視してきた聖路加は伝統的に看護師を尊重してきた。

しかし、日本全体の見方が変わらなければ、看護界に優秀な人材を招き寄せることも難しいだろう。看護師が正当に評価される専門職となるためには、きちんとした高等教育によってレベルの高い看護師を育て、その人たちの力量を社会に認めさせることが必要だと思っていた。

聖路加看護大学が短期大学から4年制の大学になったのは、１９６４（昭和39）年。全国でも初の私立の看護大学だった。私が学長に就任してからは、他に先駆けて大学院に修士と博士課程のコースを設けた。

アメリカでは看護師の地位が高く、修士課程を取った人は「ナース・プラクティショナー」として医師と同じように診察や投薬をし、眼底検査や心電図も読めるという制度もある。医師と連携して細かい臨床指導ができるので、在宅の患者も診られるのだ。

私が常に心掛けているのは、今までの古い発想にとらわれず、新しい発想で物事を変えるということ。「生活習慣病」という言葉を世に広めたこともその一つであろう。

かつて日本では糖尿病や高血圧、肥満症などを「成人病」と呼んでいた。この言葉は戦後10年を経て、厚生省が初めて取り上げ、高血圧、脳卒中、心筋梗塞、糖尿病などが「成人病」とされた。しかし、これらは必ずしも「成人がかかる病気」ではなく、自分の悪い生活習慣の積み重ねが要因となっている。

塩味が濃い食事、動物性脂肪や糖分の取り過ぎ、運動が足りない、ストレスが多い、タバコの吸い過ぎ……こうした間違った食習慣や生活習慣によって引き起こされる病気という意味で、私はこれを「習慣病」と名付けた。１９７７（昭和52）年には「成人病」を「習慣病」と改称することを雑誌「中央公論」に提唱した。

個人が日々の生活を見直し、偏った食事や喫煙、運動不足などの悪しき習慣を改めることが予防につながるのが習慣病である。厚生省が「成人病」を「生活習慣病」と改称したのは1996（平成8）年のこと。「健康」とは、自分自身の生活習慣次第なのだという意識がようやく世の中に浸透していったのである。

## 80歳でボランティアの院長に

「日野原先生、院長になっていただけませんか」

聖路加の理事長から話があったのは、1992（平成4）年。私はすでに80歳になっていたが、心躍るものがあった。

自ら定年と決めて65歳で退職した後、70代にかけて、さまざまな経験を積み重ねてきた。それが糧となって、さらなる自信につながっている。ここでまた心機一転、新たなことに挑戦したいという気持ちがみなぎっていたのだ。

この年4月、聖路加は新病院を竣工し、日本初の全室個室という素晴らしい病院が誕生した。近代的な病院の周りは緑の木々に囲まれ、屋上には庭園がある。いずれは隅田河畔の４００坪の敷地に聖路加ガーデンという高層のツインタワーが建ち、血液透析センター、予防医療センターなども併設する計画が進んでいた。

実はこの病院の建て替えには紆余曲折があった。私は退職後も顧問として建築準備に関わり、68歳で病院の理事に就くと、この設計事業により深く参画することになった。当初は敷地の一部を売却して、建築費に充てるという案が推し進められようとしていたが、私は創設者トイスラー先生が求めた土地を切り売りするという安易な計画には反対であることを表明し、理事会でも強く発言していた。

その結果、当初の案は白紙となり、新病院の建築は単なる病棟の建て替えではなく、来るべき時代の新しい病院像を模索する方向へと進化していた。

基本設計はアメリカ・ロサンゼルスの設計プランナーに依頼し、520床の病室はすべて個室、外来は一日2000人の患者を扱えるという新病院の原案ができた。さらに計画が進み、病院の総工費400億円、最新の診断・治療機器の導入に60億円を要するという壮大なものに発展していった。

だが、これだけの大事業をどうしたら実現できるのか。膨大な建築費の捻出に頭を悩ませることになった。

そんな折、私は当時の東京都の鈴木俊一《すずきしゅんいち》知事から、法律化された定期借地権という制度を利用してはどうかとアドバイスを受けた。そこで土地を売らずに、建物の敷金と家賃収入で資金を得るプランが浮上し、ようやく着工に至ったのである。

新病院の完成を1992年4月末に控えた矢先、前任の院長が定年を迎え、私に白羽の矢が立ったというわけだ。

よもや80歳になろうとする自分が、臨床の現場で陣頭指揮することになるとは思いもしなかった。だが、まるでちゅうちょもなかった。むしろずっと温めてきたビジョンを、今なら実現できるという確信がある。それは80代からでも決して遅くないと――。

私はボランティアで院長を引き受けることを決断し、これまでの経験を生かして理想の病院の在り方を形にすることに力を注ぎ始めたのである。

患者の生活の質を優先し、手厚い看護をするため看護師の数を増員することを決めた。新たに心臓外科を開設し、リハビリ科や血液透析部門も拡大するため、医師数を120人に増やし、研修医も毎年20名近く受け入れる。フルタイムの医師数は国公立の病院の約3倍になった。

また最新のコンピューター・システムを導入し、診療録の運搬なども自動化する。ラボラトリーの技師も65名と充実させ、職員総数は1100名と他の病院の2倍近くになったのである。

病棟のリニューアルに際して最も熟慮したのが、災害時に基幹病院として対処できる機能だ。病床当たりスペースは普通の病院の2、3倍あり、待合室や廊下など公共スペースを広く取った。それにより520人分の病床の他、285名分の患者が入院できるスペースを確保できた。

さらに病室や手術室外のラウンジ、廊下、チャペルにも酸素吸入と吸引装置の配管がなされている。屋上と地下に貯水槽を設置し、停電に備えて2日間の電力を自家発電できる装置がある。こうした機能は私がスイスやスウェーデンの病院見学で得た知識を取り入れたものだ。

病院内では「そんな非常事態はそうそう起きない」という反対意見もあったが、私には東京大空襲のときのことが脳裏に焼き付いていた。

## 地下鉄サリン事件発生

私は、聖路加が非常時にこそ役に立つ病院であるべきだという信念を持ち続けていた。そして院長就任から3年後の1995（平成7）年、私自身もリーダーシップを試される大惨事に直面したのである。

この年1月、阪神・淡路大震災が起き、死者6000人以上、負傷者は4万人以上に上った。震災直後からボランティアを派遣し、私も現地へ足を運んだが、医療の現場でいかに水が足りなくなるかを痛感した。ことに透析などの治療には大量の水が必要だが、聖路加の建物にある貯水槽ではとても間に合わないことがわかる。そこで急きょ、地下に270トンの水が入るプールを掘り、常に新鮮な水を確保できるように病院の敷地に渓流を作って水を循環させるようにした。

そして3月20日午前8時半。私たちはいつものように7時半から病院幹部による会議を行っていたが、まさにその最中に、消防署から地下鉄で大爆発事故があったとの報が救急センターに届いた。早朝のラッシュ・アワーに都心を走る地下鉄日比谷線、千代田線、丸ノ内線の5本の電車で起きた「地下鉄サリン事件」。その第一報である。

8時40分、院内放送で緊急呼び出しの「スタットコール」が流れ、医師らは1階の救急センターへ集まるよう要請された。私も直ちに駆けつけると、救急車が次々に激しいサイレンを鳴らして集まってきた。

心肺停止や呼吸停止の男女らが続々と担ぎ込まれ、人の肩に支えられて何とか歩いてたどりついた人もいる。築地と小伝馬町《こでんまちょう》の地下鉄駅出口までやっとのことで這い出し、そこで倒れた人たちも多かったという。

誰もが瞳孔収縮を起こしていることから、当初は何かのガス事故かと思われたが、混乱する現場では状況もつかめない。私は被害の甚大さに驚き、陣頭指揮にあたって、すべての患者を入院させるよう指示した。直ちに外来診療中止と書いた紙を玄関に張り、手術室に連絡して麻酔のかけられていない外科患者の手術を中止するよう指令を出した。

4人の副院長に役割分担し、1人は救急センターの外でトリアージ（重症度による患者の振り分け）し、1人は中毒原因を文献で調べるように指示、後の2人は入院患者の受け入れ指揮の責任を取ってもらうことにした。

一方、救急センターの医師は意識がない5人の患者の心肺蘇生に専念する。それから1時間余りで原因はサリン中毒と判明。入院した患者には農薬などの解毒剤として使うパム剤の点滴注射を開始した。

事件当日の収容患者は640名、そのうち110名が入院した。この日、スタットコールとともに100人の医師と300人の看護師と助手、検査技師が集結し、看護学生やボランティアも総出となって患者の収容と治療に当たる。それから1週間で延べ1300人の患者に対応したのである。

この年、立て続けに起きた未曽有《みぞう》の惨事は国民に大きな衝撃を与えるとともに、救急医療に対する関心も高めることになった。

地下鉄サリン事件では、被害の最も甚大だった築地駅がくしくも聖路加の最寄り駅であった。新病院は緊急時に大人数の患者を収容できる設備を完備しており、早朝定例幹部会議のために主要な医師がすべてそろっていたことが迅速な対応につながった。何より病院の職員すべてが救急医療の知識と応急処置を学んでいたことで、多くの人命を救うことができたのである。

私が絶えず目指してきた理想の医療がここにある。それには長い歳月もかかったが、初志貫徹することの大切さを、この年になってあらためて感じている。

今もふと懐かしく思い出すのは、小学生の頃、負けず嫌いで頑固なところがある私を見て、教会の日曜学校の先生が母に忠告したという言葉である。

「しいちゃんはよい方向に育てばいいけれど、悪い方向へ向かえば、大変な子になりますよ」

何をするにも諦めず、一度こうと決めたことは絶対にやり遂げる。幼いときから持ち合わせた性分は変わらぬものだが、私にとってはそれが、老いてなお前向きに生きる術《すべ》になっている。

## 日野原重明

※年齢はいずれもその年1月時点

### 58歳～79歳

1970〔昭和45〕年　58歳
3月、よど号ハイジャックに遭遇

1971〔昭和46〕年　59歳
聖路加国際病院院長代行
（～1974年）

1973〔昭和48〕年　61歳
財団法人ライフ・プランニング・センターを創設

## その頃の世界と日本の情勢

1970〔昭和45〕年　大阪で万国博覧会

1972〔昭和47〕年　沖縄が日本復帰
日中国交正常化

1973〔昭和48〕年　オイルショック
（石油危機）

1974（昭和49）年　62歳
聖路加看護大学学長に就任（〜1998年）。

1977（昭和52）年　65歳
聖路加国際病院を定年退職
『中央公論』12月号誌上で「成人病」を「習慣病」と改称することを提唱

1982（昭和57）年　70歳
日本医師会より最高優功賞

1984（昭和59）年　72歳
東洋人として初の国際内科学会会長（〜1986年）
学校法人聖路加看護学園（現・聖路加国際大学）理事長に就任

---

1974（昭和49）年　フィリピンで旧日本兵、小野田寛郎氏が発見される

1976（昭和51）年　ロッキード事件

1980（昭和55）年　イラン・イラク戦争（〜1988年）

1983（昭和58）年　東京ディズニーランド開園

1985〔昭和60〕年　73歳
フィラデルフィア医師会より日米医学科学者賞

1988〔昭和63〕年　76歳
聖路加看護大学に国内初の看護学における大学院博士課程を設置

1985〔昭和60〕年　日航ジャンボ機墜落事故
プラザ合意

1986〔昭和61〕年　チェルノブイリ原発事故

1989〔平成元〕年　ベルリンの壁崩壊

1991〔平成3〕年　湾岸戦争
ソ連解体
バブル崩壊

# 第6章　いのちのバトン

子どもたちに「いのち」の大切さを教える

## 10年連用のスケジュール帳

日野原先生のエネルギーの源はどこにあるのでしょうか――この年になるまで、幾度となく聞かれたことだ。

聖路加の院長になってしばらくたったある1週間のスケジュール記録を見ると、こんな内容である。

月曜

朝6時50分に自宅を出て病院へ。7時半から午後6時15分まで幾つもの会議に出席。その間に外来者と面談する。午後6時15分から院内の健康講座「尿の失禁―ここまで進んだ失禁対策」に15分ほど顔を出し、中央区医師会館での中央区医師会定時総会に出席。帰宅は9時。

火曜日

朝6時50分に自宅を出て病院へ。聖路加看護大学の幹部会、大学院の研究科委員会、その他の会議や打ち合わせを済ませる。その後、砂防会館5階にあるライフ・プランニング・センター健康教育サービスセンターでボランティアの有志によるコーラスの練習に顔を出す。また病院へ戻って会議に参加。

水曜日

朝6時40分に自宅を出て、港区三田のライフ・プランニング・クリニックへ。この日は私がボランティアとして診察する日なので、午前中の診療を済ませる。午後は私が関係している財団での会議を終えて、病院へ。

木曜日

朝6時50分に自宅を出て病院へ。午前中は会議の後、病院の新入職員オリエンテーションで「病院の理念と歴史」をテーマに講演する。午後は入院患者の院長回診を済ませ、4時にN病院へ向けて出発。5時から「変えなければならない診療録の作り方・使い方——臨床の第一線にPOSを」のテーマで講演。8時半に帰宅。

金曜日

朝6時50分に自宅を出て病院へ。午前中の会議や面談を済ませ、千日谷会堂でS先生追悼式に出席。ホテル西洋銀座で会食をした。午後3時から関係財団の企画委員会に参加し、その後、目白のフォーシーズンズ・ホテルでO教授退官記念会に出席。「老人のQOLのための検査値の評価と治療の選択」をテーマに講演した。6時からの記念式典を終え、椿山荘で関係財団職員の送別会へ。10時半に帰宅。

土曜日

午前中は珍しく自宅で過ごす。正午に国際文化会館へ行き、教職員の歓送迎会、懇親会、教育会議に出席。5時に帰宅。

日曜日
朝から関西で開催される日本循環器学会総会に出掛ける。帰りの新幹線内の個室でS出版社の編集者からインタビューを受ける。

こうした私のスケジュールを見て、「こんなに予定でがんじがらめにされて、よく蒸発したくなりませんね」などと言う人もいたが、私としてはやるべきことをしているだけで、それが嫌だとか、やりたくないと考えたことはなかった。

44歳で免許を取得した妻が運転する自家用車で移動していたこともあったが、仕事が広範にわたるようになると移動も多く、運転手に任せるようになった。車での移動時間は、貴重である。実はこの車内が私の書斎になっていて、聴きたい音楽の

ＣＤを楽しむこともあるし、電話であちこち連絡を取り合ったり雑誌の取材を受けたりすることもある。

車の中で原稿を書くときは、イギリスで買った携帯用の小さなラップ・デスクを愛用している。これを膝に載せて、その上で原稿を書くのだ。車の後部は私が座る所以外、書類や資料の入ったかばんや紙袋が詰め込まれていて、たまに同乗する人がいると、運転手も荷物をトランクに押し込むのが大変なのである。これは１０５歳の今も変わらない。

どんなに遅く自宅へ帰っても、書斎で過ごす時間を欠かさない。私の本の読者や悩みを抱える方々から手紙を頂くので、その返事を書き、文献や資料に目を通すのが日課になっている。原稿を書いていると明け方近くなることもよくあったが、朝はすっきり目覚めたものだ。平均しても3～4時間の睡眠時間で平気だったが、１００歳を過ぎるとさすがに周囲も心配するので、徹夜は控えるようになった。

時間に追われる毎日では健康法といえるものもなかったが、日頃から心掛けていたのは階段の上り下りだ。運動不足を補うため、朝7時半からの会議までに時間があれば、地階から病院の5階にある院長室まで、143段の階段を急ぎ足で一気に駆け上がるのだ。

世の中で80歳といえば〝ご隠居さん〟であるのが普通かもしれない。

よく、「先生の生き方のエネルギーはいったいどこから来るのですか？」と聞かれた。それに対して私は、医師としての生き方の原点ともいうべき出会いのもたらす力が大きい、と答える。聖路加では、橋本院長が私の医者としての成長を温かく見守ってくださった。アメリカ留学中には臨床医学の大切さを教えてくれた先生たちに出会い、また生涯の師と仰ぐのはオスラー博士である。

そして80代になっても、年数回は海外での学会や視察、講演会へ出掛けていた。年末にほぼ必ず訪れたのがボストンで、大みそかまで1週間ほど滞在し、元日に日本へ戻ってくるのが恒例だった。なぜそんな時期に出掛けるかというと、クリスマス休暇が終わった後はアメリカ医学界の重鎮と会える可能性が高いからだ。もちろん3か月ほど前から知人を介してアポイントメントをとり、1、2時間ゆっくり話し合える機会をもらう。そこでアメリカの医学が今どこへ向かおうとしているのか、いかなる研究が進んでいるのか、など最先端の情報を得ることができるのだ。

常に新しい知識を吸収し、次なる課題に向かっていく。そのために10年先の予定まで書き込める10年連用のスケジュール帳を愛用してきた。さすがに今は3年用に変えたが、それでもこのスケジュール帳は、新たな予定でびっしり埋まっている。

## 「ピースハウス」に託した夢

70余年にわたり内科医として歩んだ道で、主治医として死をみとった患者は1000人を超えるだろう。その人たちの晩年から、私自身もまた「生きる」ということの意味を教えられた。

臨床の現場において、私は医師として人の命を救うばかりでなく、いかに死を受け入れるかという命題を突きつけられてきた。

がんを患う患者に対して、病名告知の難しさも絶えず感じてきた。そして、病名を告げたからには、医者は責任を持ってその人と向き合い、最期まで付き合う覚悟がなくてはならない。私はどんなに大事な仕事があっても、たとえ夜中であっても可能な限り病院や自宅に駆けつけてきた。

では、がんで余命幾ばくもないと告げられたとき、残された数か月、あるいは数週間、数日でも、生きてきてよかった、自分の人生には意味があった、と思えるように過ごしてもらうことはできないものか——。『終わりよければすべてよし』とはシェイクスピアの戯曲だが、その人にとって最後の日々が本当に満たされたものであるならば、歩んできた人生に有終の美を飾ることができるかもしれないと。それが私の願いであり、「ホスピス」をつくる原動力になった。

「ホスピス」の語源をたどれば、遠く中世のヨーロッパまでさかのぼる。聖地を訪ねて巡礼するキリスト教徒が、旅の途中、寺院に付設した宿泊施設で一夜の宿と食事を供されたことが始まりである。そこから派生して「ホテル」ができ、一方では病人を専門に世話する「ホスピタル」になったという。

さらに本来の「ホスピス」という言葉を復活させ、治る見込みがない病人を最後まで手厚く看護する施設として誕生させたのが、シシリー・ソンダースというイギリスの女性医師だった。1967年に末期がん患者を収容するセント・クリストファーズ・ホスピスを設立。その後、多くの医師の共感を得て、イギリスからアメリカ、オーストラリア、ニュージーランド、ドイツ、フランスなど、主としてキリスト教圏を中心に広がり、日本でも80年代以降、各地の病院に併設されるようになった。

私もホスピス設立を思い立ってから、毎年のように世界各地のホスピスへ見学に行き、70か所以上を訪問した。

イギリスのウエストサセックス州のセント・キャザリンズ・ホスピスでは、院長の回診に付いて回った。回診前には2、3人の担当ナースから、痛みがどのようにコントロールされているか、死を迎える準備がどのようにできているかなどの報告があり、睡眠についてはことさらの配慮がなされていた。

乳がん末期で全身の骨に転移している70歳の婦人を回診したとき、彼女は長年一緒に住んだ小さなプードルを抱いていた。近所に住む友人が代わって犬の世話をし、3日ごとにホスピスへ連れてくるという。子どもがなく余命短いこの女性は、いつも「明後日」を待ちわび、またペットを抱きしめられるという喜びが生きる希望になっていたのだ。

私が日本初の独立型ホスピス「ピースハウス」を創設したのは、1993（平成5）年。81歳のときだった。神奈川県平塚市郊外にあるゴルフ場内で2000坪の土地の提供を受けられ、念願の夢が実現したのである。

ピースハウス内には80人ほど入れるホールを作り、ボランティアからの寄付でグランドピアノが備えられた。若き日は音楽家になろうかとも悩み、音楽に心救われる体験を幾度となく経てきた私は、ホスピスで音楽療法を取り入れようと思っていたのだ。

かつてカナダのホスピスを訪ねた際、病床にいた末期がんの老人が「これを歌ってほしい」と自作の詩を音楽療法士に手渡した。間もなく死を迎える悲しみを、夏の終わりに咲くバラの花に例えた彼の詩に、音楽療法士は即興で曲をつけ、ギターの伴奏で歌った。すると、その老人は「来週、もう一度歌ってほしい」と涙ながらに頼む。明日、明後日、来週と、間もなく閉じようとする人生を予期していても、なお新たな希望の光を見いだしていく。それは、医師にはなしえない癒やしの技にほかならない。

ホスピスにいることとは、死を待つことと同じではない。患者として受け身のまま病院で死を迎えることと、ホスピスで過ごすのでは何が違うかといえば、最後の瞬間まで生き抜く、という本人の意思に関わるのではないか。それが、私が病院に付属するタイプのホスピスではなく、まったく独立したホスピスをつくりたいと願った理由だ。

私たち人間は何の計らいも持たずに生まれてくるが、死にゆくときは多少の計らいの余地が与えられている。その機会さえ奪われた不慮の死は痛ましい限りだが、ゆっくりと訪れる死については、しっかりとお別れをし、今しばらくこの世に生きる人たちの心に命の灯を受け渡すことができる。

顧みれば、私自身が初めて人の死に触れたのはごく幼い頃。私やきょうだいたちが「おばあちゃん」と呼んで甘えていた祖母の死だった。おばあちゃんが臨終の床に就いたとき、家族全員が周りに集まって最期を見守った。おばあちゃんは最後まで意識がしっかりしており、私たちと一緒に暮らせたことに「ありがとう」と言い残す。少し低く、柔らかに響く声だった。そのまま見守っていると、おばあちゃんの喉がゴクリと鳴り、まるでつばを飲み込むように喉仏が動いて、ほどなく事切れた。

あの臨終の場にあふれていたのは、恐いとか、悲しいといった気持ちではなく、おばあちゃんから家族への感謝の思いと、「おばあちゃん、よく元気で生きたねぇ」という私たちの温かな気持ちだった。誰も泣き出す人はなく、私も子どもながらに「年を取ったら、あんなふうに死にたいなあ」と思ったものだ。

人はよく死ぬことができれば、それは残される者の喪失の悲嘆を軽くしてくれる。残された者は死が自然の流れであることに気付き、納得し、やがて自然の流れによって慰められている自分に出会うのだ。愛する人を失った悲しみは深くとも、やがて優しい悲しみに変わる日が来るのである。

## 「新老人の会」の使命とは

90歳を迎える頃、私のエッセイ『生きかた上手』が大ベストセラーとなり、私は高齢社会を盛り立てる旗手のような存在になった。活動の場も広がる中、考えさせられたのは長く生きることの意味だ。

人は病を得て初めて、健康な生活の価値を知る。死もまた人に生の意味を教えてくれる。だから老いたならば、人は誰でも死を思い、その準備をする。

しかし、本当は老いてからでは遅いのである。青年、壮年、いつの時期にも私たちは死に備えなければいけない。そして死に備えるというのは、まず死を思い、その死からさかのぼって「今日」という一日をいかに生きるべきかを自らに問うこと。私が長年にわたり唱えてきた「健康管理」「予防医学」とは、生涯を通して自分の健康を守るための術であり、それは生涯教育の一環として行われるべきものである。

一方で日本の高齢化は急速に進んでいた。当時すでに15年後の2015年には日本人の4人に1人が65歳以上の高齢者になると予測されていた。世界中どこにも前例のない、この超高齢化社会を目前にして、高齢者の権利を守ろうと主張するのでもなければ、手厚く擁護してもらおうと言うつもりもない。私から見れば、65歳はまだまだ若く、元気があって当たり前。75歳を過ぎてもなお心身ともに元気であり続ける人たちの生きる知恵とパワーを結集したいと考えた。

今をおいて後はない、私は駆り立てられる思いで2000年9月30日に「新老人の会」を結成する。

当時、88歳の私には「新老人」という言葉に格別の思いがあった。以前から日本では65歳以上を「老人」と呼び、「老い」といえば人生終盤の陰りゆくイメージがつきまとうのが腑に落ちなかった。中国では「老」と付けば単に高齢ではなく、尊敬すべき人という意味がある。アメリカでも、尊敬の念を込めて「the elderly」と呼ばれているのだ。

近年は75歳以上の人を「後期高齢者」というが、現実には75歳を過ぎても元気で自立し、これまでの人生で培《つちか》った知恵や経験を社会に還元できる〝健康老人〟は大勢いる。この人たちを〝新老人〟と呼び、生きがいのある人生を送ることをすすめたい――。私はそうしたメッセージを伝えるべく、新老人運動を提唱した。

この運動の柱となったのが、ユダヤ系オーストリア人の精神医学者ヴィクトール・E・フランクルの言葉だ。フランクルは第二次世界大戦中、ナチスによる迫害を受け、アウシュビッツの強制収容所で過酷な労働と極限の苦難に耐えて生還する。『夜と霧』『それでも人生にイエスと言う』などの著書で知られ、彼は以下の3つが人間の特権であると述べている。

〈・いつでも愛し愛される人間であること
・創意を持ち続けること。何か新しいことを考え、実行すること
・苦難に耐えること。耐えることによって他人の苦しみに共感できる心を養うこと〉

それに倣い、「新老人の会」では、会の目標として次のような「3つのスローガン」を掲げた。

1 愛すること（to love）
2 創《はじ》めること（to commence or to initiate）
3 耐えること（to endure）

私はこれまでの実感から、「愛」ほど深い意味を持つ言葉はないと思っている。「愛する」対象は、親子、兄弟姉妹、友人、知人ばかりでなく、命あるものすべてに及ぶ。そして「愛する」とは、自分のあふれる愛情を表すだけでなく、その裏には「恕《ゆる》す」、つまり自分を思うのと同じように相手を思いやること、時によっては人のために自分を犠牲にすることもいとわない、という意味も含まれている。また「創める」とは私が好きな言葉で、哲学者マルティン・ブーバーの言葉にヒントを得ている。彼が75歳で出版した著作『かくれた神』にはこう記されている（田口義弘《たぐちよしひろ》訳）。

〈年老いているということは、もし人がはじめるということの真の意義を忘れていなければ、素晴らしいことである。これをこの老いた人は高齢に達して初めて根本的に学びとっていたのだ。彼の物腰は若くなく、年相応に老いてはいたが、しかし、若々しい、はじめるということを知っている仕方が老いていないのだ〉

老いても何か新しいことをはじめられるというのは、やはり私たち人間に与えられた特権であろう。フランクルは創意を持ち続けることを説いており、私は「はじめる」という言葉を「創める」とした。

「新老人の会」の本部では、合唱、スポーツなど趣味のサークル、「英語の会」などの学習サークル、旅を楽しむ会まで、いくつものサークル活動がある。そこで新たな挑戦をすること、それが「創める」ことなのだ。

さらに「耐える」ことによって、互いに共感する気持ちが培われる。75歳以上の世代は、多かれ少なかれ戦中・戦後の厳しさを身近に体験していた。

戦争は二度とあってはならない。あの渦中で私たち老人は多くを学んだはずだ。

天と地ほどの差がある、戦後間もなくの生活と今の生活を実感として比較することもできる。それが生きる知恵につながるだろう。物質的な豊かさを追い求めるうちに、何がいいことで何が悪いことなのかの判断力さえなくしているような今の世の中に、警鐘を鳴らすことができるのは、私たちの世代しかいないのだ。

あの戦争体験がただの「歴史」となってしまう前に、すべてを次の世代に語り継がなければならない。それが平和への願いにつながり、安全を脅かされ、飢えや貧困に苦しむ世界の発展途上国の人々に寄り添う気持ちにもなっていく。こうした平和への願いを次世代に託すことが、私たちの務め。だからこそ「新老人の会」では、「子どもたちに平和と命の大切さを伝えること」も使命として掲げた。

会では75歳以上の「シニア会員」を中心に、60歳〜74歳を「ジュニア会員」、20歳〜59歳を「サポート会員」として世代を超えて交流している。現在では全国各地に46支部あり、会員数も1万人にのぼる。海外でも台湾、メキシコ、オーストラリア、アメリカにも支部があり、支部の特徴を生かした活動も広がっている。

私がこの活動を通して最も伝えたいことは、今も変わらない。心を満たす幸福感こそが人生をより充実したものにしてくれるということだ。それは健康ともよく似ていて、日々の普通の生活の中で育まれるものである。

例えば、仕事に追われる毎日、締切の迫る原稿を明け方までかけて書き上げることもあったが、徹夜の疲れも吹き飛ぶような達成感で爽やかな気分になった。また駅や空港などではエスカレーターや動く歩道には乗らなかった。その脇を速足で歩き、若い男女がゆっくりと後ろからエスカレーターで上がってくるのを見ると、心の中で「ヤッタ！」と小さくこぶしをかざしたものだ。

いずれも、ささやかな達成感に過ぎないが、あの達成感が体の細胞に働きかけ、もっとがんばろう、もっとやってみよう、という勇気をかき立ててくれた。

生きがいのある人生を送るとは、小さな達成感を積み重ねていくことではないか。それは決して特別なことでなく、誰かから「ありがとう」と言われただけでも心にぽっと温かな思いが湧いてくる。そうした気持ちこそが「生きがい」にもつながるのだと思う。

## 「いのちの授業」

小学校の教室の大きな黒板の前に立つと、左端から右端へ1本の線を引き、それを10等分する。右端はゼロで左端は100だ。

「君たちは、ここにいるよ」

10の目盛りの所に矢印を入れ、私はどこだろうと聞くと、子どもたちは私の年齢を口々に答える。どうやら校長先生からあらかじめ教えられたらしい。今度はおじいちゃんの年を尋ねると、70代、80代とそれぞれ声が挙がり、やはり私が年長だ。

そこでまた子どもたちに聞いてみる。

「君たちのいのちはどこにあると思う?」

黒板に書いたこの1本の線から、私はいつも10歳の子どもたちへの「いのちの授業」を始める。いのちは何より大切だといわれるが、〃そのいのちとは、いったい何だろう〃と子どもたちに問い掛けるのだ。

初めて小学校の生徒を前に「授業」をしたのは1987（昭和62）年、私もまだ70代半ばの頃だった。NHK教育テレビで、学者や芸術家らが母校の教壇に立って、後輩を相手に「授業」をするというシリーズ番組（現・「課外授業 ようこそ先輩」）が始まり、出演の依頼があったのだ。

私は母校の神戸市諏訪山小学校（現・こうべ小学校）を訪ねることになった。生徒たちに聴診器を与えて、互いに心臓の音を聴き合いながら、心臓の働きや血圧などの知識を教え、「心臓はどんな役割をしているのか」「心臓はいのちなのか」「いのちとは何か」を5年生の生徒と一緒に考えることにした。

70年ぶりに訪ねた母校は3つの小学校が統合されて校名も変わっていたが、校庭にある樹齢150年という楠の大木は変わらぬ姿でそびえていた。私が5年生のときの担任は谷口真一先生で、グループごとの自己学習を通して、自分で調べ、体験しながら学ぶ楽しさを教えられた。私もそうした体験を「いのちの授業」でも試みてみたいと考えていた。

「君たちのいのちはどこにあると思う?」

教室で子どもたちに尋ねると、ほとんどの子が胸のあたりを押さえる。〈心臓＝いのち〉と思っているようだ。そこで子どもたちに心臓の音を聴診器で聴いてもらう。聴診器を手にすると、みんな目を輝かせ、私はまず心臓の働きを解説する。

心臓は体のどこにあるのか、どのくらいの大きさなのか、どのくらいの速さや強さで全身に血液を送り出すのか、子どもと大人ではどう違うのか、ネズミやウサギ、ゾウやカバではどうなのか……。

子どもたちの疑問に丁寧に答えてから、一人一人に聴診器を渡して、友達の心臓の音を探らせる。左の胸に当てると「トントン、トントン」という心臓の鼓動がはっきり聞こえるので、子どもたちは感激する。小学生であれば1分間に80拍くらい打ち、それは心臓が収縮して体の隅々まで血液を送り届けている回数だ。心臓はポンプの役割をしており、体中に血液を送り出すその強さを血圧という。子どもたちには血圧計を使って、相手の血圧を測る方法も教えた。

こうして心臓の役割を理解したところで、もう一度、子どもたちに質問する。

「では、〝いのち〟とは何でしょうか?」

真剣な表情で考える子どもたちに、私はこんな話をするのである。

「〝いのち〟は目で見ることができないもの。でも、誰もが持っているもの。だって、みんなは今、こうして楽しく勉強しているでしょう。これが生きているということ。いのちは目には見えないけれども、とても大事なものなんだよ。目には見えないけれども大事なものはたくさんあるんだよ。風を見ることができるかい? 窓の外のこずえに葉っぱが揺れているから風が吹いているのを知ることはできる。空の雲が動いているから風が吹いていることがわかる。君たちが吸っている酸素だって目には見えないし、君たちの心だって目には見えないね」

こうして目には見えない〝いのち〟や〝心〟が存在することに気付いてもらう。そこでサン＝テグジュペリの『星の王子さま』に描かれる王子さまとキツネのエピソードを例に挙げて話す。「本当に大切なものは、目に見えないんだよ」と。私が子どもたちに伝えたいのは、一人一人に与えられている〝本当のいのち〟のこと。そして、最後にこう語り掛ける。

「君のいのちは君のものではあるけれども、君一人だけのものではないのだから、君のいのちをどう使っていくかをしっかり考えてほしいのです……」

「いのち」とはわかりにくいものである。だが、子どもたちが「いのちは自分に与えられた〝時間〟なのだ」と気付き、いのちの大切さを実感したら、他人のいのちも大切にするだろう。そうすれば、弱い者へのいじめや諍《いさか》いがなくなり、ひいては戦争もなくなるのではないか。未来ある子どもたちにそんな願いを託して、私は「いのちの授業」に取り組み始めた。

「いのち」を考えることは、「老い」や「死」を考えることにもつながる。各地の小学校へ招かれる中で、テーマも広がっていく。２００５（平成17）年からは地方都市へも出張授業に出かけるようになった。

「いのちの授業」はさらに小学校から中学・高校へ。静岡県沼津市の県立沼津聾学校（現・県立沼津聴覚特別支援学校）では小学生から高校生まで授業に参加し、聴覚ではなく私の唇の動きを目で追いながら懸命に話を理解しようとする生徒たちの姿に心打たれた。また不登校や既存の学校教育になじめない生徒を受け入れる通信制高校、さらには大学生を対象にした授業に招かれることもあった。

海外の小学校を訪問したのは、アメリカ・カリフォルニア州の公立学校が最初だった。日本で学校訪問の機会が増えるにつれ、ぜひ外国の学校も訪ねてみたいと、まずは手始めに現地で暮らす孫の一人が通った小学校の見学を思い立ったのだ。

ちょうど「新老人の会」も順調に発展し、海外にも支部ができるようになったことから、２００６（平成18）年末にはオーストラリアに講演に招かれた際、シドニーの日本人学校で「いのちの授業」をした。それからも海外での講演に伴い、アメリカ、ブラジル、メキシコ、台湾の日本人学校、そしてモンゴルの小学校などでも授業を行ってきた。現地校では英語で講義するが、私の問い掛けに敏感に反応する生徒たちに刺激され、若き日の意気に燃えていた自分がよみがえるひと時を過ごした。

私の元には、生徒たちがそれぞれの思いをつづった感想文や手紙が次々に届く。今も心に残る手紙はたくさんあるが、その中から2通ほど紹介しよう。

〈今日、私は日野原先生の授業を受けて初めて聴診器で心ぞうの音を聞きました。「ドンドン、ドンドン、ドン」と同じ間隔の音が聞こえました。その時、「聞こえた、聞こえた、よかった」と思いました。心ぞうは、生まれてから今まで、泣いている時、笑っている時、楽しい時、しょんぼりしている時、どんな時でも休むことなく動いているんだと思いました。そして、家族の心ぞうの音を考えてみました。お父さんの心ぞうは、きっと、やさしい音もするけれど、こわーい音がする時もあると思います。お兄ちゃんの心ぞうは、きっと、のんびりした音がすると思います。

そして先生のお話で、生きていることは心も生きているんだと教えていただきました。正しい心、強い心、やさしい心、いろんなすてきな心を持って大きくなりたいと思いました〉

私にとっても、子どもたちから寄せられる感想文ほど元気づけられるものはない。私が伝えたいことが真っすぐ生徒たちの心に届いていることを実感できるからだ。この子はさぞや美しい心を持つすてきな女性に育つことだろうと思う。

また4年生の男の子からはこんな手紙が届いた。

〈日野原先生お元気ですか。ぼくは、100歳以上生き、子孫たちの顔を見てみたいです。日野原先生はぼくたちの知らない「いのち」についてくわしいです。先生はお医者さんですばらしい人だと思います。

話で大切だと思ったのは戦争です。人の命をなくしてしまうからです。だからこのようなことが起こらないようにしなければならないのは「ぼくたち」です。ぼくたちが守らなければ子孫が困ります。なので守らなければなりません。

先生のえんぜつの最後「シャボン玉」の歌が心に残りました〉

私は授業の終わりには、子どもたちと一緒に「シャボン玉」の歌を歌うことにしている。歌う前にこの歌詞について話すのだ。屋根まで飛んで、壊れて消えてしまうシャボン玉は、実は生まれて間もない子どもが死んでしまうという悲しい物語。自分に与えられた時間にはやはり限りがあるけれど、その時間を大切に生きてほしいという思いが込められていることを。

未来ある子どもたちのいのちは、私たち大人が身を挺して守り育てる責任がある。そのためのささやかな行いとして、私もまたいのちある限り「いのちの授業」を続けたいと思っている。だから授業が終わり、見送ってくれる子どもたちには必ずこう伝える。「また来るからね」と。

日野原重明

※年齢はいずれもその年1月時点

## 80歳〜

1992〔平成4〕年　80歳
聖路加国際病院、新病院開院
聖路加国際病院院長にボランティアとして就任（〜1996年）

1993〔平成5〕年　81歳
勲二等瑞宝章受章

その頃の世界と日本の情勢

1993〔平成5〕年　EU（ヨーロッパ連合）結成

1995〔平成7〕年　阪神・淡路大震災
オウム真理教による地下鉄サリン事件（聖路加国際病院では事件当日、640名の急患を受け入れる）

1996〔平成8〕年　84歳
聖路加国際病院理事長、同名誉院長に就任

1998〔平成10〕年　86歳
聖路加看護大学名誉学長
東京都名誉都民
トマス・ジェファーソン大学人文科学名誉博士

1999〔平成11〕年　87歳
文化功労者

2000〔平成12〕年　88歳
「新老人の会」結成
『葉っぱのフレディ』をミュージカルに脚色

---

1995〔平成7〕年　Windows95発売
1996〔平成8〕年　厚生省の公衆衛生審議会が「成人病」を「生活習慣病」に改称
1997〔平成9〕年　北海道拓殖銀行、山一證券破綻
消費税5％に
1999〔平成11〕年　ユーロ誕生

2001〔平成13〕年　89歳
『生きかた上手』出版。シリーズ累計200万部のミリオンセラーに

2002〔平成14〕年　90歳
マックマスター大学名誉博士

2005〔平成17〕年　93歳
文化勲章受章

2007〔平成19〕年　95歳
日本ユニセフ協会の大使に

2010〔平成22〕年　98歳
コルチャック功労賞受賞

---

2001〔平成13〕年　9・11アメリカ同時多発テロ

2002〔平成14〕年　日朝首脳会談、拉致被害者5人帰国

2003〔平成15〕年　イラク戦争

2005〔平成17〕年　郵政民営化法の公布

2007〔平成19〕年　世界金融危機

2009〔平成21〕年　民主党内閣が誕生

2012〔平成24〕年　100歳
聖路加看護大学名誉理事長に就任

2013〔平成25〕年　101歳
アルベルト・シュバイツァー章受章
5月、妻・静子死去

2014〔平成26〕年　102歳
大動脈弁閉鎖不全症が見つかる。以後、国内外の出張や外出には車いすを使用

---

2011〔平成23〕年　東日本大震災
福島第一原子力発電所事故

2012〔平成24〕年　東京スカイツリー開業
アベノミクス

2014〔平成26〕年　4月、消費税8％に
7月、集団的自衛権の限定行使を認めることを閣議決定
12月、特定秘密保護法施行

2016〔平成28〕年　熊本地震

# 第7章　妻・静子と歩んだ日々

2005年11月、文化勲章を受章。
妻の静子と自宅前で

# 梅のように凛とした人

我が家の庭には3本の梅の老木がある。そのうち1本は60年ほど前、当時、80歳近い私の父が苗木を買って、庭の片隅に植えてくれたもの。清楚な白梅が2月半ばを過ぎる頃にほころび始め、ひと足遅れて、もう1本、薄紅色の梅が花開く。それは私が主治医としてみとった方の思い出として、未亡人から頂いた枝ぶりのよい紅梅である。

どちらも相当の樹齢で、幹が空洞になっており、折れないように添え木を当てているが、毎年、香りのよい美しい花を咲かせてくれる。ある方に、毛沢東が作ったという梅の詩を教えてもらい、よりいっそうこの花を好ましく思うようになった。

「早春の試練に耐えて咲く梅の花」

風雨　春の帰るを送りきて
飛雪　春の到るを迎う
已《すで》に是《これ》　懸崖《けんがい》の百丈の氷《つらら》なるに
猶《なお》　花の枝の　俏《あやにうつく》しきが有り
俏しけれど　春を争《わがもの》とせず
只　春の来るを報ずるのみ
山《やまじゅう》の花　爛漫《らんまん》たる時　待到《やがて》らば
她《かのじょ》　叢《はなむら》にありて笑まん

（『毛沢東　その詩と人生』武田泰淳・竹内実著、文藝春秋より）

俏し、とは、例えようがないほど美しい、ということ。梅はいろいろな花が咲く前に開く、春の先駆者である。けれども「只　春の来るを報ずるのみ」、すなわち春の訪れを告げるだけで、百花と争わない。山が爛漫の花で彩られる頃、その役目を終えた梅は実を結び、他の花に囲まれて笑みを浮かべているだろう。そんな梅の姿に、志を全うした老いの在り方が重なり合う。

梅はもともと中国からの伝来とされ、その寿命は70～１００年、まれには数百年に及ぶものもあるといわれる。梅はまさに百花に先駆けて、まだ残雪が溶けぬ山や野に香り高く咲き、古来、気品ある清雅な花として詩歌によく歌われてきた。

かぐわしい花を共に愛でてきた妻の静子も、その名のごとく楚々として、梅のように凛とした強さを秘めた人であった。

静子と結婚したのは１９４２（昭和17）年12月。戦時中のことだった。妻は学生時代にクリスチャンとなり、私の父が牧師を務める教会の日曜学校で子どもたちに聖書を教えていた。私もその教会へ通っており、前任の牧師夫人の紹介で彼女と知り合ったのである。後に本人が言うには、最初は「キザな人」と感じたらしい。スーツ姿で赤茶色の靴を履いていた私にそんな印象を持ったようだ。

共に同じ神戸育ちという親しみも感じられ、交際を始めて3か月ほどで結婚することになった。戦時下ゆえに、灯火管制の敷かれたほの暗い銀座教会のチャペルで結婚式を挙げ、暗幕で外への光が遮断された東京會舘で行った披露宴は、今も心に深く刻まれている。

終戦後、私たち夫婦は3人の男の子に恵まれた。当時、私の両親は世田谷の玉川田園調布にある玉川平安教会の牧師館に住んでいた。私たちは近くの空き地の地主から150坪を譲り受け、25坪の木造の家屋を建てた。そこで夫婦と3人の息子、妻のいとこに当たる千鶴子《ちづこ》と共に暮らす。その頃から妻は庭に草花や野菜を植えて楽しむようになった。

私は多忙極まる病院で医師としての仕事に専心し、子どもたちの養育はすべて妻に任せ切り。朝早く家を出て、夜遅く帰宅する毎日では、我が子の成長を見守る余裕もなかった。学校の成績がどうか、先生についても詳しく知らなかったが、妻は3人の息子たちを塾にも通わせずに立派に育ててくれた。子どもが好むピアノや絵を習わせたりはしていたが、勉強について細かく言うことはなく、息子たちも自然に個性を伸ばしていったようだ。

今も苦笑してしまうのは、次男が小学4年生の頃のこと。社会科の時間、先生が明るい家庭と暗い家庭について話し、生徒に「君たちの家は一家だんらんのある家か、それともだんらんのない家か」と聞いたそうだ。すると、次男は暗い家庭の方に手を挙げたのだと、父母会に出席した妻が担任の先生から聞いてきたことがあった。父親としては一抹の寂しさもあったが、夏休みには箱根へ連れて行ったり、学会が九州であれば、まだ珍しかった飛行機に乗せたりと、新しい体験をさせようと心掛けていた。

とにかく仕事に追われる私を、妻は献身的にサポートしてくれた。忙しくて運転免許を取る時間もなかったので、妻が運転をして、毎朝、私を病院まで送ってくれた。車中で私が原稿を口述してテープレコーダーに録音しておくと、妻は自宅へ帰ってからそのテープを聞き起こし、原稿にまとめる作業をしてくれた。私はそれを推敲して仕上げるが、妻が美しい文字で清書してくれた原稿は印刷所へ渡すと喜ばれたものだ。

家にいても急患で往診することがたびたびあった。ことに夜中の電話は緊急を要するので、私がまず受話器を取り、明るい調子で応対する。それは夜分に申し訳ないと案じる相手への気遣いである。そうした私の患者に対する配慮をそばで見ていたので、妻も必ず起きて私を送り出し、帰るまで待っていてくれた。

夜遅くまで書斎で原稿を書いている間も、先に寝ようとしないので、私は先にベッドに入って寝たふりをし、妻が眠ったのを見届けてから書斎へ戻るようにしていた。何かと不自由な時代の中で3人の息子を育てながら、彼女はよくそこまで尽くしてくれたものだと、あらためて思う。不満めいた言葉を聞いたこともなかった。

ただ、いつも穏やかな静子が、私に対して怒ったように思われたことが一度だけある。それは私が何かの用事で家を出るのが遅れ、聖路加の朝の回診に遅刻しそうになったときのこと。まだ高速道路もなかった頃、混み合う中原街道で無理にスピードを出すようにと何度も静子を急き立てた。その揚げ句、私は途中の交差点で車を止めさせ、妻に何の断りもせずに、通り掛かったタクシーに乗り込んで病院へ向かったのだ。静子は心の中で「何とひどい人か」と怒りを覚えたに違いない。本人はずっと黙っていたが、今でも私の中では心残りとなっている。

私は国際内科学会の役員を務めていたので、海外出張するときはいつも妻を連れて一緒に出かけるようになった。そのため彼女は私に黙ってソーシャル・ダンスの稽古に通い、社交のマナーも身に付けていた。きれいな和服で装い、海外でも気後れすることなくパートナーを毅然と務めてくれたのだ。

そんな彼女も、私が「よど号」ハイジャック事件に遭遇したときは留守宅でさぞ気が気でなかったことだろう。無事に帰国後、二人で書いたお礼状に彼女が添えたのは、〈いつの日か、いずくの場所かで、どなたかにこの受けました大きなお恵みの一部でもお返しできればと願っております〉という言葉、これは私たち夫婦の生き方の指針ともなった。

妻はクリスチャンとしての信仰もことの外、あつかった。

生来、本当に欲のない人で、きれいなきものや宝飾品にはあまり興味を持たず、人が喜ぶ顔を見て、自分もうれしいと思うような人だった。我が妻でありながら、私は静子を心から尊敬し、そんな私たち夫婦を見て、妹の多美子《たみこ》は「お父さんとお母さんにそっくりね」と言ったものだ。牧師の仕事を支え、尽くした母があってこそ父は存分に仕事ができたのだろう。私も医師として心置きなく仕事に専念できるのは、静子の存在があってこそである。

それだけに、妻に肺がんの疑いがあると聞いたときはがくぜんとした。70歳のとき聖路加で受けたレントゲン検査で肺に影が見つかったのだ。私はちょうど学会でアメリカにおり、病院からの国際電話を受けた。担当医師は「もう少しこのまま様子を見ましょう」と言うが、私は即答した。

「いや、すぐに開胸して、肺の組織を調べるのが一番いい。私もすぐに帰国するから待っていてください」

私は学会長を務めていたが、次期会長に任せて帰国。外科医のところへ行って、直ちに開胸手術を指示した。「手術室から組織を病理に送って調べ、悪性のがんであればその場で切除し、そうでなければふさぐという早業をどうかやってほしい」と頼んだ。

結局、術中に行った病理組織検査で肺の腺がんとわかり、右肺の摘出手術を行った。幸い早期に発見できたため、その後は再発することなく健康を保っていた。だが、80歳を過ぎた頃から少しずつ物忘れをするようになった。

ある朝、タクシーを電話で呼んでほしいと静子に頼むと、「電話の番号がわからない」と言う。いつも呼んでくれていたので不思議に思いながら、その日は私が電話した。さらに料理上手でレパートリーも多い妻が、オムレツばかり作っていたこともあったようだ。普段の会話や生活は変わりないようでも、様子がおかしいと感じることが少しずつ増えていった。

私は当然「認知症」の知識があり、検査によって診断がつくこともわかっていたが、最初は医師として対処する気持ちになれなかった。いつも診ている患者とは違い、静子は自分が忘れてしまうことに気付いていたからだ。妻は数字にとても強かったので、私の仕事の経理事務も任せていたが、あるとき、「経理をやるのはもう無理です」と言い出した。私も「今まで十分やってくれたから、もういいよ。どうもありがとう」と妻のつらい気持ちを受け止めたのである。

だんだん、いろんなことがわからなくなり、やがて外出することも減っていく。自宅で介護を受けながら夫婦で暮らし、私が留守の間は次男の妻やヘルパーさんなどに頼んで、静子の様子をノートに書き留めてもらっていた。

〈朝7時に静子が私を起こす。私が起きるより早く、「パパ、もう時間ですよ」と言う。「今日は休みで出掛けないから、ゆっくりする」と話しても、それはわからなかった〉

〈私がYシャツを着たときに、ズボンからYシャツがはみ出ているのを見て、「パ

パ、それは」と静子に注意される〉

これはどちらも私が２００８（平成20）年に書いた記録だ。その後、静子は言葉数も減っていき、会話を交わすことも難しくなった。それでも私は自宅へ帰るとまず妻の元へ行き、その手を握る。

「ママ、帰りましたよ、帰りましたよ」

すると返事はなくても、私が帰ってきたことはしっかりわかるようだった。妻はまぶたがたるむ眼瞼下垂症《がんけんかすいしょう》で目をつぶっていることがほとんどだが、目を開けてくれる日は会話が少しできる。手を差し出し、ほほえんでくれると、私もうれしくてたまらない。夜遅くまで外で働き、家で一緒に食事することのなかった私が、できるだけ夕食までに帰ろうと心掛けるようになったのである。

## 田園調布のマリアさま

いかに言葉を交わすことは減っても、より二人の心は寄り添っている。静子と過ごした最後の数年はまさにそう実感できるかけがえのない時であった。

静子との長い結婚生活を顧みても、二人きりでゆっくり過ごしたことはほとんど思い浮かばない。毎夜、家へ帰っても、私は一人書斎にこもり、原稿の執筆など仕事に追われていたのだから。だが、静子が療養生活に入ると、私は静子が眠っている寝室のすぐ隣のダイニングで仕事をするようになった。何か気配を感じたら、いつでもそばに行けることで安心できたのだ。

40数年前、家を建て替えたとき、私は膨大な資料や本などをストックし、仕事に集中するため離れに書斎を設けた。母屋では子どもたちがにぎやかに過ごし、妻も家事に専念できるから互いに具合がよかったのだ。

夜遅くまで机に向かっていると、母屋にいる妻からインターホンで呼ばれる。

「お茶が入ったから、飲みに来ませんか」

子どもたちが寝静まり、夜も更けてからが夫婦のティータイム。寝る前でも二人で好きなコーヒーを飲みながら、日々の出来事を話し合ったものだ。妻が病床に就いてからは、たとえ言葉を交わせなくても、共に過ごしているという実感がより深まっていく。それとともに、いずれ訪れるであろう別れの不安も感じ始めていた。

静子が緊急入院したのは２０１１（平成23）年8月。私が関西出張中に突然、呼吸困難に陥って救急搬送されたのだ。右肺はすでに摘出していたが、残りの左肺が気胸を起こして酸欠状態となったため、聖路加に緊急入院する。しばらく酸素吸入をして容体は落ち着いたものの、やはり口からものを飲み込む嚥下《えんげ》が困難になったので、そのまま入院生活を続けることになった。

その年の10月、私は１００歳の誕生日を迎え、妻の病室に家族が集まってお祝いをした。翌年9月にも静子自身の93歳の誕生日を病室で祝うことができた。私たちが「ハッピー・バースデイ・トゥ・ユー」と歌うと、目を開けて、はっきり認識したことがわかってうれしかった。静子とはこれまでずっと共に歩んできたので、言葉はなくても何を感じているのかわかるのだ。

私は毎日必ず病室を訪れ、寝たきりで過ごす静子の頭をなで、手を握ることを欠かさなかった。「パパですよ、ママ」と声を掛けると、手を握り返してくれるときもあるし、パッと目を開けることもあった。それでも妻を見舞ううちに、いよいよこれは難しいかもしれないという覚悟もだんだんとできていったのである。

2013（平成25）年5月、妻の静子はついに最期の時を迎え、息を引き取った。妻が聖路加で過ごした1年9か月、私は医師として、夫として最善のケアをしようと努めた。これ以上のことはできないというほど、できることはすべてやった。悔いなく、天国へ送り出せたと思っている。

最愛の人を亡くす――人生においてこれほどつらく、深い悲しみはない。私自身も、毎日触れていた静子の手の温もりが忘れられなかった。そんな私の元に、古くから親しくしてきた方からある詩のコピーが送られてきた。

〈家には一人を減じたり　楽しき団欒《だんらん》は破れたり
愛する顔　いつもの　席に見えぬぞ　悲しき
さはれ　天に一人を増しぬ（中略）
家に一人を増しぬ　分るることのたえてなき家に
一人も失はるることなかるべき家に
主イエスよ　天の家庭に君と共に坐すべき席を
我らすべてにも与へたまへ〉

（「天に一人を増しぬ」セラ・ゲラルデナ・ストック作、植村正久訳）

この詩を読んだとき、私は一人では抱えきれぬ悲しみを分かち合える人と出会ったような気がした。作者のストックは弟を亡くしたときにこの詩を作ったそうだ。

また訳者の植村正久《うえむらまさひさ》は明治・大正期を代表する牧師で、幼い娘を亡くしたときにこの詩と出合ったという。

私の大切な妻は、この地上からいなくなって寂しくなったけれど、天の方では1人増えてにぎやかになった――存在が無になったわけではなく、地上から天に移っただけ。そう思えば、天に召された静子の穏やかな笑顔が目に浮かぶのである。

その後、ごく親しい人たちで静子をしのぶ会を催し、私の著書『いのちの言葉』を記念に配った。この本には、妻が趣味で描きためていた水彩画を挿画として使っている。妻はそれまで表立つことを嫌い、陰で私を支えることに徹していたが、周囲のすすめもあって、各章の扉の挿画とすることに同意してくれたのである。

この会では、私たち家族が長年懇意にしてきた佐藤君代《さとうきみよ》さんが妻をしのぶ文章を読み上げてくださった。そこでは妻の暮らしや人となりが最もよく表されていると思うので、ここに紹介したい。

〈静子さんのことをみなさまはいろいろな呼び方をなさっておりますが、私ども家族はみんな、「おばちゃん」と呼んでおりましたので、そのように呼ばせていただきます。

日野原先生と、亡くなりました私の主人（佐藤慈郎《さとうじろう》）は幼友達ですが、私とおばちゃんの関係は、関西から上京し、主人が病気で先生にお世話になったことがご縁で、ご一家との楽しいお付き合いが始まりました。ご多忙な先生を思い、主人がおばちゃんと3人の息子さんを誘い、豊島園、絵画展、銀ブラ、食事、箱根旅行など一緒に出掛け、楽しく過ごしました。

私が50歳のとき、孫に会いたさに車の免許を取りました。「私のような者が免許を取れたのだから」とおばちゃんにすすめたところ実行され、先生の送迎をされるようになりました。健康管理のため水泳を始められたおばちゃんと同じプールに私たちも通い、裸の交わりをいたしました。また田園調布のお宅を開放してくださり、生原宏子《はいばらひろこ》先生を迎えてみんなで楽しくお絵描きしたことは忘れられません。

いつも静かに人の相談に乗り、祈り、優しく接してくださったおばちゃんを、私の子どもたちは「田園調布のマリアさま」と呼んでいました。

親しい方々が天国に召され、私はとても寂しくなりましたが、半面、天国がにぎやかになり心強いです。

神様のご用のために働いておられる夫を陰で支え、優しい3人の息子さんと、気の付くお嫁さん、お孫さんに囲まれて幸せな人生を終えられたおばちゃんと、長い間ご一緒させていただき、感謝です。私たちにとって大きな慰めは、愛するおばちゃんが残してくださった信仰の遺産が、今も一人一人の心の中に生きていることです〉

我が家にはいつも人が集い、誰もがここを憩いの場のように思っていた。妻は口数が少ない女性だったが、温かな人柄で、彼女が家にいるとなぜかみんなが集まってくる。一緒にお茶を飲み、心尽くしの手料理で人をもてなすことが好きだった。

絵や音楽、書道もたしなみ、その仲間と集って学び、楽しむ場もつくっていた。そんな温かい家庭を築き、私をずっと支え続けてくれた妻には、いかに感謝しても尽きない。

亡くなって寂しいという気持ちはもちろん強いが、一方、もういない人とは思えないような一体感を今もずっと感じている。

しのぶ会に際して、私も一篇の詩を静子にささげた。

「静子を想う——二人の掌《てのひら》」

七十年間の夫婦生活を共にした
静子は九十三歳で
この世を去った

だが熱心なクリスチャンの静子は
　いま天国にあって
　私を見守ってくれていると信じる

毎晩寝る時は
私の左手と静子の右手を合わせる
　左手は私の掌
　右手は静子の掌

二つの掌のタッチの中に
　静子を私は感じる
　私は静子に語る——お休み、と

聖路加国際病院での入院一年九ケ月の間
朝夕の見舞いに握った手のあたたかさを思い出す私は
あゝ、何という幸せか

妻亡き後、私は一人、わずかな遺骨の灰を庭の片隅にそっとまいた。如月《きさらぎ》には、楚々とした白梅、あでやかな紅梅がこの庭を彩ってくれる。そして、それを愛でる私の傍らには、今もなお妻が寄り添っている。いつも我が家の扉を開けると、「パパ、お帰りなさい」と迎えてくれた静子の優しい笑顔が目に浮かぶ。

# エピローグ　人生は「クレッシェンド」

## １００歳の時間を誰かのために使う

私の１００歳の誕生日は妻の病室で迎えたが、家族そろって祝えることはこの上もない喜びであった。その頃、私はこんな俳句を詠んだ。

百歳は　ゴールではなく　関所だよ

１００歳を超えても、週一度は聖路加国際病院の緩和ケア病棟で回診を行い、毎日のスケジュールはびっしり埋まっていく。本の執筆や講演会、「新老人の会」でも新たな活動に次々取り組んでいた。しかし、それらはあくまで私の人生の経過の中にその都度位置付けられるものであり、それぞれやり遂げたときには達成感や満足感を大いに味わうが、決してそこがゴールではない。

私にとってのゴールとは、マラソンランナーが42・195キロを全力で走り終え、両手を大きく広げてテープを切るときの姿、つまり自分でやるだけのことはやり遂げたという時なのだ。

多くの高齢者と交わってきて、つくづく思うのは、生きがいを持つことの重要さだ。生きがいとは、自分を徹底的に大事にすることから始まるもの。「自分を大事にする」とは、自分をよくしたいと思うことだ。

それは自己中心でいい、ということとは違う。誰かのために自分の時間を使い、自分の命を使うことが自分をよくすることである。そして、自分をよりよく保てば、生きる意味を見失うことなく、日々を充実して過ごすことができる。私たちは常に誰かから恩恵を受けて生きている。その受けた恩への感謝の思いを他の誰かに伝えていくことが、つまるところ「生きがい」になるのではないかと思う。

私が100歳を迎える年、日本を未曽有の大災害が襲った。2011（平成23）年3月11日に起きた東日本大震災だ。震災当日、私は聖路加国際病院6階の理事長室で仕事をしていた。激しい揺れを感じたときは「関東大震災が来た！」と瞬時に思い、その後、テレビから流れる映像で東北地方を襲った巨大な津波による惨状を知ったのである。

思えば関東大震災が起きた１９２３（大正12）年には、私は11歳で神戸に住んでいた。被災の状況は知らなくとも、船で横浜から神戸港へ逃れてきた人々に、教会の婦人会が慰問のおにぎりを配るのを見て、大変なことが起きたのだと胸が震えた。また医者になってからは幾度も空襲を体験し、阪神淡路大震災のときには家族の思い出の詰まった神戸栄光教会も崩壊した。地下鉄サリン事件の際には搬送される被害者すべての治療に当たった経験もある。それだけに被災地で不安のどん底にある人たちの気持ちが痛いほどわかった。

聖路加国際病院では福島の病院にトラック2台分の医薬品とスタッフを派遣し、看護大学の学生も被災地へ行っていた。もちろん１００歳になろうとする私の身を案じる声は大きかったが、「被災した人たちにひと言でもいいから声を掛けたい」

と願い、震災後の5月初旬、宮城県の南三陸町を訪ねた。そこで見た凄惨な光景は想像を絶するものだった。

がれきに覆われた街を車で走り、避難所となっている中学校へ向かった。私が訪ねることは前もって知らされず、急な訪問だったが「先生が来てくれた」と手を上げて歓迎してくれた。避難している人の健康状態を確かめたり、握手を交わしたりした後、車座になって話を聴くと、女性たちは口々に「私たちはがんばりますよ！」と話すのだ。

新約聖書の一篇、「コリントの信徒への手紙1　第10章13節」にはこんな聖句がある。

〈あなたがたを襲った試練で、人間として耐えられないようなものはなかったはずです。神は真実な方です。あなたがたを耐えられないような試練に遭わせることはなさらず、試練と共に、それに耐えられるよう、逃れる道をも備えていてくださ

います〉

人は病気を患ったり、不慮の事故などに遭うと、自分はどうしてこんなに運が悪いのかと思いがちだが、実はこれは神様がお与えになった試練と考え直すことができる。そして、そこに重要な意義があることも、おのおのが見いださなければならない。その後も日本は次々と災害に見舞われているが、そのたびに私は「耐える」ことに思いをはせる。

## 私を襲った骨折と病

１００歳を超えても元気でいることを自慢にしていた私も、それから大きな病気を体験することになった。

2013（平成25）年2月下旬、私は折からの寒さのせいで風邪をひいたのか、激しい咳《せき》の発作に襲われ、側胸部にひどい痛みを覚えた。翌日には痛みがもっとひどくなり、どうにも我慢できない。MRI検査の結果、背骨の第11胸椎《きょうつい》の圧迫骨折だということがわかった。

体を支えている背骨は、腕や足のような棒状の骨ではなく、椎体と椎間板が連続的に積み重なることで、背中を曲げたり、歩く衝撃を緩和する構造になっている。圧迫骨折とは加齢によって骨密度が下がり、もろくなっているところに、衝撃が加わることで椎体がつぶれる症状だ。圧迫骨折は女性に多く、転倒が元でという話をよく聞くが、私の場合は咳き込んだ衝撃で椎体の一つがつぶれたようだ。

どんな病気でも自分が体験してみないと本当のつらさは伝わらないものだが、圧迫骨折は想像以上に大変な痛みだった。とにかく今まで味わったことのない背中をキリッと裂くような痛みに襲われる。自分では咳をし過ぎたための肉離れだと思っていたが、原因は圧迫骨折とわかり、翌日手術をすることが決まった。

その夜は痛みのために一睡もできず、悶々と過ごした。ベッドの上でいろいろなことを思い、昔、一緒にアメリカ留学し、東京大学教授になったものの、その後44歳の若さで亡くなった旧友の細川宏《ほそかわひろし》君のことを思い出した。彼は病床で苦痛に耐える胸中を詩につづっていた。まだモルヒネ療法のなかった当時、末期の胃がんだった彼の痛みはどれほどだっただろう。

「しなう心」

苦痛のはげしい時こそ
しなやかな心を失うまい
やわらかにしなう心である
ふりつむ雪の重さを静かに受けとり
軟らかく身を撓《たわ》めつつ
春を待つ細い竹のしなやかさを思い浮かべて

じっと苦しみにたえてみよう

（『病者・花――細川宏遺稿詩集』現代社より）

過去70余年の内科医としての経験はあっても、骨折直後の痛みがこれほど激痛とは信じ難かった。これも私の生涯では初めての経験である。

一般に圧迫骨折の治療は、骨折部分をコルセットなどで固定し、鎮痛剤を飲みながら、3か月ほど安静にして回復を待つ。だが、聖路加では放射線科で「経皮的椎体形成術」という圧迫骨折の痛みを緩和する手術を行っている。80年代にフランスで始まり、90年代にアメリカのニューヨーク州ロチェスター病院で行われている治療法で、骨折した椎体の中に骨セメントという薬剤を注入し、固定するのだ。私もこの手術を受けた。

手術は、うつぶせになって局所麻酔をして始まり、1時間弱で済んだ。背骨をエックス線で透視しながら、背骨のそばの脊髄《せきずい》神経を避けて、つぶれた椎体の中に注射針を刺し、骨セメントを注入するのだ。注射針を椎骨に刺すときにハンマーを使うので、ゴンゴンという音は聞こえるが、麻酔が効いているので痛みはない。骨セメントはすぐ固まり、ひどかった骨折の痛みも翌日にはほとんど消えた。

聖路加では3泊4日の入院だけで治療が終わる。私は術後4日目には福岡へ出掛け、看護職のための講演会に出席。立ったまま35分間の講演を行い、日帰りでの飛行機の往復も苦にならなかった。

術後は後遺症もなかったが、一つだけ変わったことといえば、身長が5センチほど伸びたこと。椎体が固定されて、より背筋が伸びるようになったらしい。まさに奇跡的な治療法の賜物《たまもの》と感謝したものだ。

そして、その翌年には、また一つ病を得た。

循環器を専門とする私は、長年、心臓に関する研究も重ねてきたが、よもや自分の心臓に大事につながる欠陥が見つかるとは思いも寄らなかった。それもたまたますすめられて受けた検査がきっかけだった。

2014（平成26）年5月半ば、私はイギリスで開催される学会に出席するため、8日間ほど出張した。それはアメリカ・オスラー協会が毎年主催する総会で、私が人生の師と仰ぐウィリアム・オスラー博士の業績を研究し、発表する場となっている。また4年に一度は、オスラーにちなんだ場所で開かれることになっており、この年はオスラーが晩年を過ごしたオックスフォードであった。そこで、私は日本オスラー協会のメンバーと一緒に現地に向かった。

開催日より2日早く到着したので、ロンドンではバッキンガム宮殿での衛兵交代式やロイヤル・アルバート・ホールでの演奏会など観光を楽しんだが、空気が冷たく肌寒い中で少し体調を崩し掛けていた。それでもオックスフォードでの総会に臨み、滞りなく英語のスピーチも行った。

ところが4日目になると発熱し、学会参加を諦めてホテルで休息した。その後は何とかスケジュールをこなしたが、最終日にはかなり疲労困憊《こんぱい》して、帰りの機内でも眠れぬまま羽田空港へ到着。翌日には大事な講演会があったので出席した。壇上に立てば、私を迎えてくれる人たちを見て気力も湧くが、やはり体はもう限界に達していた。

あくる日、私は聖路加国際病院へ向かい、院長の福井次矢《ふくいつぐや》先生にすすめられて入院。4日後には敗血症を起こしてしまった。敗血症とは、血液が菌に感染して発症する死亡率の高い危険な病気である。原因は大腸菌感染と判明し、さらに4日間入院して化学療法を受けた。

幸い診断が早かったので順調に回復し、家で静養することになった。だが、退院する前、「日野原先生、新しい超音波の検査機械があるので、それで心臓を調べてみませんか」とすすめられる。私もこの機会にと精密検査を受けてみたところ、思いがけない結果が出たのである。

私の心臓に大動脈弁閉鎖不全症《だいどうみゃくべんへいさふぜんしょう》があって、左の心臓の収縮時に大動脈弁が4分の1しか開かないことがわかったのである。そのため、心臓に負担がかかってしまい、放っておけば心不全などを起こして、突然死に至る場合もある。高齢になると生じやすい症状だが、息切れや失神といった自覚症状もなかったから、まさか自分が発症しているとは思いもしなかった。

心臓外科医によるカテーテル手術は非常に進歩しているので、90歳くらいまでの患者であればこの手術によって完治することができる。しかし私のように１００歳を超えている者にはリスクも高いので、手術を引き受けてくれる医師が見つからなかった。

ならば、どうしたら元のような生活を取り戻すことができるのか。そこで私はアメリカで暮らす三男にアドバイスを求めた。彼もまた心臓内科の専門医で、父親の私にこうすすめてくれたのだ。

「心臓に過度の負担をかけないようにすればいい。そのためには移動時に車いすを使えばいいだろう」

最初は車いすと聞いて、ちゅうちょする気持ちも少なからずあった。それでも私はポータブルの機能的な車いすを選び、病院内や外出先での移動に使うことにしたのだ。

使い始めの頃はなんとなく引け目もあり、病院の廊下を行くときもつい下を向いて、誰にも見られないように顔を隠したりしていた。だが、どんなにうつむいても、通りすがる患者さんや看護師には私だということがわかって、「日野原先生、おはようございます」と声を掛けられるものだから、もう隠れていても仕方がない。気持ちを切り替えて、私の方から「おはようございます！」と少し高めの明るい声であいさつすることにした。

すると、誰もが笑顔で応えてくれ、私自身の気持ちもずいぶん明るくなった。新幹線や飛行機に乗るときも車いすを使えば、自分の行動範囲が狭まることはなかった。私にはまだまだ挑戦したいことがあり、果たしたい夢があったのだ。

## 最期の言葉は「ありがとう」

聖路加国際病院は、さかのぼって2002（平成14）年に創立100周年を迎えていた。その頃から私の中で膨らんでいた夢は、4年制のメディカル・スクールを創設すること。従来の6年制の医学部教育ではなく、4年制大学できちんとリベラルアーツを修めた学生に門戸を開き、広い視野を備えた医師として研究や臨床医学と取り組みたいというミッション・スピリッツを持つ者に対して、4年間の専門教育を行うシステムをつくりたいのだ。

聖路加国際病院の中にそうした研究・教育機関を設けることで、日本の医学教育を牽引《けんいん》するモデルにしたいと夢見ていた。それに先駆けて、2014（平成26）年4月から聖路加看護学園は聖路加国際メディカルセンターと法人一体化を行い、「聖路加国際大学」と名称を改めた。これによって「病院」と「大学」がいっそう連携し合えるようになり、メディカル・スクールを創設するための組織改変の第一歩を踏み出したのである。

そもそも私がなぜメディカル・スクールにこだわるかといえば、現行の医師教育制度ではあまりに安易に医師が養成されることを危惧《きぐ》するからだ。ヨーロッパ中世の時代、「プロ」と目された人たちは神学、法学、医学に関わる聖職者たちだけだった。本来、ごまかしや人をだますこと、金もうけに走ることは決して許されない職業だからこそ、今でも欧米では、こうした職業につながるロー・スクールやメディカル・スクールは、4年制大学の課程をきちんと修め、人間としての修養を積んだ者だけが進めるシステムになっている。

社会構造の変化によって、医療の現場でも多様な状況に対応せざるを得なくなった。日本では高齢化が急速に進み、がんや心疾患などによる死亡率も高まっている。一方、大きな事故や災害が発生するたびに救急医療の問題も指摘される。その現状を見据え、私は生活習慣病の予防や救急医療のシステム整備に取り組んできたが、何よりそれを担う人材の育成が急務であろう。

そうした医療の現場では絶えず「命」の尊厳と向き合うことになる。それだけに人間性をも高める医学教育を構築したい――その使命感から、私は現行の教育制度を改めようと働きかけてきたのである。

日本の医療をよりよくすること、それが私の活動の原動力になっている。そのためには医師として現役であることが大事で、たとえ車いすの生活になっても旺盛な好奇心は変わらないと自負している。むしろ車いすに座った視線から世の中を見ると、また違った景色が見えてくる。

私には今からとても楽しみにしていることがある。それは２０２０年に開催される東京オリンピックを見ることだ。かつて東京の街が熱狂の波に包まれた１９６４（昭和39）年の東京五輪。あのとき50代の私も体操や柔道、マラソンで活躍する日本人選手の姿に胸を熱くしたものだ。１００歳を超えた今、またあの華やかな舞台をこの目で見られるのかと思うと、それだけで生きる力も湧いてくる。その心境をこんな俳句にしたためた。

オリンピック　百八歳のバー　軽々と

世界中の国々から、人種や宗教の違いを乗り越えて大勢の人たちが日本に集うスポーツの祭典。そこには、夢を信じ、希望を抱き、平和を願う思いがあふれ、老いも若きもへだてなく心躍る時を分かち合える。

最後に私自身がイメージする私の最期について書いておこう。

〝人生の終わり〟というと、地平線のかなたの断崖といった平面的なイメージを持つ人も多いのではないだろうか。私のイメージする人生の終わりは、常に回転を続ける独楽《こま》が上方に向かって進んでいくというものだ。その角度はいろいろだろうが、常に一瞬前よりも上へと向かっている。音楽では徐々に強く大きくなっていくことを「クレッシェンド」というが、まさにその言葉がふさわしいだろう。

死の恐怖はない。ただ痛みで苦しいときにはモルヒネを打ってほしい。最期の時にはきっと周りへの感謝を伝えたいと希望するだろう。もっと生きたかった、もっとしたいことがあった、といった欲望が浮かんでくることはなく、ただ、感謝の思いだけを伝えたい。その「ありがとう」という実感と、未知の世界に入ってゆく夢の中で、大好きなフォーレのレクイエムの音楽につつまれて意識が消えてゆく……。もしそれが可能になれば、私は最期まで生き切ったと言えるだろう。

# 僕は頑固な子どもだった

２０１６年10月４日　発行

著者　日野原重明
発行人　宮澤孝夫
編集人　矢部万紀子
編集　岡島文乃／前田まき
構成　歌代幸子
撮影　中西裕人（帯、７、２８６ページ）
装丁　野本奈保子（nomo-gram）
発行所　株式会社ハルメク
〒１６２‐０８２５
東京都新宿区神楽坂４‐１‐１
http://www.halmek.co.jp
電話０３‐３２６１‐１３０１（大代表）
印刷　図書印刷


ISBN　978-4-908762-03-1